AKAL BÁSICA DE BOLSILLO 378

AF218564

Diseño interior y cubierta: RAG

Primera edición, *Comte, el padre negado,* en Akal 74, 1976

© Manuel Martín, Serrano, 1976, 2024

© Ediciones Akal, S. A., 1976, 2024
Sector Foresta, 1
28760 Tres Cantos
Madrid - España
Tel.: 918 061 996
Fax: 918 044 028
www.akal.com

ISBN: 978-84-460-5552-5
Depósito legal: M-12.451-2024

Impreso en España

Manuel Martín Serrano

Comte
Orígenes silenciados de la deshumanización
en las Ciencias Sociales

ARGENTINA / ESPAÑA / MÉXICO

Introducción.
Vigencia de la sociología de Comte

El olvido de las teorías sociohistóricas
en el crepúsculo del capitalismo industrial

Es frecuente que los textos que se refieren a Comte le reconozcan como el creador de la sociología y que al mismo tiempo rechacen su obra porque supuestamente ya no tendría vigencia. Este «silencio impuesto al padre» aparece sobre todo entre los teóricos de la Posmodernidad y supone otra manifestación de la aversión que producen en dichos autores las teorías macrosociológicas, sobre todo si provienen de «la Modernidad», época en la que engloban cualquier sociología que haya aparecido antes de la suya. Pero el propósito de cancelar la obra de Comte junto con la del resto de los fundadores de las Ciencias Sociales tiene su origen en la sociología estructural-funcional estadounidense cuyos representantes más conocidos son Parsons y Merton. Merton escribe: «el apotegma de Whitehead –"Una ciencia que titubea en olvidar a sus fundadores está perdida"– es mucho más valedero en sociología que en las Ciencias Físicas» (Merton 1964: 15)[1].

---

[1] La cita de A. N. Whitehead que menciona Merton procede de *The organisation of Thought* (1917).

El apotegma de Whitehead que invoca Merton advierte con razón que no se deben de traer a colación los textos de los padres fundadores como si fuesen escritos sagrados que sirviesen para ilustrar o validar cualquier ocurrencia. Pero de esta observación no se concluye que esté justificado olvidar a los fundadores de la sociología. La consecuencia de este «olvido» sería el abandono de la perspectiva histórica que, a diferencia de lo que ocurre en las Ciencias Físicas, es propia de las Ciencias Sociales. En este libro se va a mostrar la pertenencia que tiene la lectura de Comte con esa perspectiva sociohistórica para entender los orígenes y el desarrollo del capitalismo industrial.

El abandono de la «Gran Teoría» para producir «teoría de alcance medio»

Merton indica que la obra de Comte y de los otros sociólogos del pasado tenía por objeto producir la «Gran Teoría». Pero que esa aportación «no puede suministrar guías para el análisis actual de los problemas sociológicos». Niega su vigencia en los siguientes términos:

> La antigua historia de la sociología, como la representan, por ejemplo, las especulaciones de Comte o de Spencer, de Hobhouse o de Ratzenhofer, está muy lejos de ser acumulativa [...]; en consecuencia, poco de lo que describieron sigue siendo hoy aplicable para la sociología. Sus obras testimonian los grandes méritos de hombres talentosos, pero no pueden suministrar guías para el análisis actual de los problemas sociológicos (Merton 1964: 15).

Merton considera que en realidad los Padres de la sociología no han aportado la «Gran Teoría». Y que persistir en semejante empeño es todavía prematuro, porque para fundamentar la ciencia social se requiere el trabajo preparatorio que proporcionan las «teorías de alcance medio». Teorías con un sistema de conceptos limitado, pero adecuado para recorrer el camino entre la rutina de la investigación y las generalizaciones teóricas.

A juicio de Merton la «teoría de alcance medio», a diferencia de los sistemas de un Comte o un Spencer, proporciona conocimientos acumulativos porque está basada en los datos obtenidos en investigaciones constatadas. Cabría por tanto esperar que cuando Merton describe los planteamientos y conclusiones de su propia «teoría de alcance medio» ofreciese unos análisis diferentes de los de Comte, pero no es así. De hecho, y en contradicción con sus afirmaciones, la obra de Merton *acumula* análisis anticipados por Comte, como se comprobará en este libro. En realidad, las investigaciones que toma en cuenta Merton validan el acierto de las «especulaciones» de Comte, aunque se olvide de señalar esa referencia.

Las publicaciones de estos autores que han firmado el acta de defunción epistemológica de Comte producen la impresión de algo *déjà dit* cuando se cotejan con los textos del fundador de la sociología que en este libro se analizan. Sorokin compara «los sistemas de sociología contemporánea» con una «cabaña construida con el material tomado de la etapa fundacional de la sociología» (Sorokin 1964: 399). Timasheff con menos dureza, también afirma que las razones del olvido de Comte hay que explicarlas como un problema de la sociología actual y no de sociología comtiana:

> En la obra de Comte encuentra el lector atento una enorme riqueza de ideas que se anticipan a la mayoría de las tendencias observables en la historia de la sociología hasta el

momento presente, así como gran número de proposiciones concernientes al ámbito y método de la sociología. Mu-
chas veces esas proposiciones han sido redescubiertas por
sociólogos posteriores, en ocasiones haciendo referencias al
padre fundador de su ciencia, y más frecuentemente, sin
ninguna referencia a él (Timasheff 1961: 46).

Limitando la sociología a la producción de «teoría de
alcance medio» jamás llegaría a darse un fundamento como
ciencia cuyos resultados sean verificables (o, si se prefiere,
falsables). Y aun menos serviría como una ciencia predictiva. Porque cuando se reduce el alcance de todo modelo con
valor científico a la sistematización de los datos sociales ya
patentes, se establece un falso criterio de objetividad para las
Ciencias Sociales, fundado en un corte ilegítimo del tiempo
social. La «teoría de alcance medio» descansa en la falacia
del «presentismo». Un postulado según el cual, sería posible
proponer un modelo teórico «científico» del sistema social
vigente –que era cuando escribía Merton sobre el capitalismo industrial– sin tomar en cuenta en el modelo los estados
pasados y las transformaciones de ese sistema; y sin incluir
un conjunto de hipótesis sobre su porvenir que, llegado el
momento, puedan ser contrastados. A partir de este trata-
miento ahistórico del tiempo social, se incide en el error
metodológico de dar por supuesto que todo criterio sociológico de objetividad debe proceder del estado observable
en la realidad social inmediata.

*La validación de las teorías
de los Padres Fundadores por la historia*

El saber objetivo sobre los sistemas que se transforman y
perduran en el tiempo, como las formaciones sociales capita-

listas, requieren análisis sociohistóricos. Son sociohistóricos los modelos teóricos que analizan el presente para hacer comprensible el pasado; y que, para hacer comprensible el presente, prevén los posibles escenarios en el futuro de la formación social. Las formaciones sociales son sistemas que se explicitan en la historia, y por eso es posible y tiene validez científica prever sus transformaciones con modelos prospectivos. Se tiene la certeza de que llegará el momento en el que podrá ser comprobada la concepción teórica que se haya propuesto sobre la naturaleza y el funcionamiento de una formación. La «Gran Teoría» de los Padres Fundadores respeta el carácter histórico de su objeto de estudio y es verificable. En tanto que la «teoría de alcance medio» sustituye el análisis de los sistemas sociales por una hipóstasis de lo acontecido, del *«fait accompli»,* es una presuposición sesgada e incompleta, da por supuesto que todos los datos que se ofrecen al observador en una de las fases de la formación social son pertinentes para probar o rechazar una teoría sociológica.

Al contrario de lo que afirma Merton, las hipótesis propuestas por los Padres Fundadores en el marco de alguna «Gran Teoría» han proporcionado un saber acumulativo en Ciencias Sociales, por la vía de su confirmación o de su contradicción históricas. Incluso si se aplica el parecer de Whitehead, según el cual, «todo lo importante ha sido dicho antes por alguien que no lo descubrió» (Whitehead, en Merton 1964: 15).

La cuestión radica en delimitar lo que entiende por «descubrimiento» un sociólogo presentista, y lo que entiende otro que tome en cuenta la historia. Evidentemente, Comte nunca «descubrió» mediante investigaciones procedentes de la experiencia que el desarrollo socioeconómico implicaba que la mujer cumpliese funciones afectivas y eróticas que describe Morin –entre otros–, ni fue quien «comprobó» que los trabajadores serían proclives a la conformidad y al desclasamiento, procesos inducidos por la manipulación de sus valores y sus instintos, como han mostrado Adorno y sus discípulos; ni fue Comte quien «constató» que la existencia estaría disociada en la sociedad orientada a la producción y que la angustia acompañaría al empeño por tener en ella un lugar, como han escrito Fromm y Horney; ni quien «observó» que en la sociedad industrializada el poder pasa progresivamente a manos de una elite de militares, burócratas, financieros y gerentes de empresas internacionales, como ha visto C. W. Mills. Comte no *descubrió* estos hechos; pero, en cambio, los predijo –véase más tarde, en este mismo libro– como consecuencias que derivó de sus hipótesis sobre la organización del trabajo en la sociedad industrial.

La metodología prospectiva que diseña y aplica Comte

Comte no pudo «descubrir» (en el sentido estrecho de verificar empíricamente con datos existentes) ninguno de estos hechos que hoy son contrastables, porque en su tiempo *no eran datos* empíricos dominantes. Incluso los datos empíricos contradecían los hechos previsibles, por ejemplo: la afectividad y el erotismo permanecían en la esfera privada; la conciencia de clase de los trabajadores asalariados progresaba gracias a una percepción más lúcida de los intereses inmediatos que se traducía en un estado permanente de agitación social. El acierto de Comte cuando anticipa todas esas transformaciones no es el fruto de una intuición, sino de un método:

– Interpreta la aparición y el desarrollo del sistema de producción capitalista como un único proceso histórico (una etapa «positiva»), que se inicia con el capitalismo agrario y mercantil, y se desarrolla con el capitalismo industrial y financiero. Proceso que llegaría a supeditar las formaciones sociales a las necesidades del modo de producción. En nuestro tiempo, ese proceso se continúa con el capitalismo monopólico a escala global.

– Pone de manifiesto la unidad histórica que tiene esta etapa «positiva» que se muestra en el despliegue de una nueva epistemología, un nuevo empleo de la ciencia y de la técnica, nuevas formas de organización de las instituciones, y valores sociales nuevos.

– Comte propone un modelo teórico «del desarrollo» que correspondería a la implantación del «modo industrial de producción». Un proceso de cambio que se orientaba hacia una sociedad científico-técnica. Y advierte de que tales transformaciones eran incompatibles con la reproducción de las instituciones burguesas de su época.

– En clave prospectiva Comte analiza el futuro probable de las sociedades industriales desarrolladas a partir del examen histórico de las condiciones que explicaban la organización social de su tiempo.

– El *Curso de filosofía positiva* comienza con el conocido eslogan: «Saber predecir, para poder» *(«Savoir pour prévoir, afin de pouvoir»),* frase que continúa: «y, sobre todo, saber para saber… oponiendo la ciencia al misticismo y al empirismo».

Y aclara:

> El objeto de todas las ciencias es la previsión siempre fundada sobre el mismo principio: conocer el futuro a partir del conocimiento del pasado. Que es lo que distingue a la ciencia real de la mera erudición (Comte 1972d [1830-1842], vol. 2: 28).

Los ideólogos de la naciente sociedad industrial admitían que la «verdad histórica» de la sociedad que estaban construyendo pertenecía todavía al futuro. Esa nueva clase capitalista que todavía no había remodelado la sociedad de acuerdo con sus intereses quiere orientar los cambios que estaban en curso durante su tiempo hacía unos modelos de sociedad que consideran posibles e incluso inevitables. La existencia de esos modelos permite que nosotros podemos comprobar los aciertos y rectificar los errores de esas previsiones. De hecho, es el único método prospectivo que se atiene a criterios científicos porque permite que las predicciones sean demostradas o refutadas por los hechos con el transcurso de la historia.

De hecho, Comte confió a la historia la verificación de sus observaciones, y lo hizo como una competencia metodológica irreprochable. Formula las hipótesis que debían ser validadas y los acontecimientos futuros que confirmarían o negarían su teoría. Con este planteamiento metódico las conclusiones –si se quiere, las conjeturas– de Comte son *datos,* puesto que son falsificables con el desarrollo de la sociedad que está anticipando. Tienen el mismo derecho que las observaciones fundadas en hechos patentes a ser considerados como materia de la ciencia social. Ha bastado con esperar lo suficiente para que el tiempo confirme o niegue la «verdad histórica» de esas inferencias.

El sistema de Comte como soporte de una ideología todavía vigente

El rechazo de la obra de Comte se funda en una lectura errónea. Se han tomado al pie de la letra los términos jurídicos y religiosos con los que trataba de explicar los conceptos de una ciencia social que todavía carecía de un vocabulario propio. En este libro se ofrece un análisis del contenido de sus textos que pone de manifiesto la pertinencia que siguen teniendo para comprender la sociología de nuestra época. La lectura que aquí se propone no va a actualizar al positivismo comtiano, organicista e instrumentalista, ni como alternativa teórica ni como programa de intervención social. En cambio, esa lectura puede contribuir a mostrar todo cuanto queda de organicista y de instrumentador en la sociología, bajo otras etiquetas más acreditadas. Es útil contemplar en estado naciente la función ideológica de categorías sociológicas semejantes a las contemporáneas, cuando los sociólogos no pretendía que fueran tenidas por neutrales.

El positivismo organicista de Comte era una propuesta para entender y acompañar al capitalismo industrial desde sus orígenes. Comte confiaba en que su obra sería asumida como ideario de una clase que se preparaba para ser la dominante. Y no se equivocó, porque sus análisis y argumentos se reiteran como ideologías del «progreso» y del «consenso». El positivismo organicista establece relaciones explícitas entre la aplicación de la «sociología» y las transformaciones en la organización y el funcionamiento de las sociedades. Comte escribe que esas aplicaciones tendrán consecuencias penosas para las personas y considera que tales quebrantos son necesarios e inevitables para que funcione la forma capitalista de producción industrial. La aplicación que propone Comte de la «sociología» para mantener el consenso social desemboca en el control de los comportamientos manipulando las opiniones. Para la historia de las ideas políticas, supone la renuncia al humanismo, visión que identificaba desde el siglo XVI la dignidad humana con la libertad y que regía en las Ciencias

Sociales como criterio para mejorar las sociedades desde el siglo XVII[2].

Comte justifica la necesidad de recurrir a tales controles para alcanzar el «progreso», y con el transcurso del tiempo se comprueba que el programa de actuaciones que propuso se ha aplicado en gran parte, consciente o inadvertidamente, a medida que el capitalismo establecía la industrialización como forma de producción. Lo cual no significa que todos los cambios que Comte esperaba del «progreso» se hayan producido. Por ejemplo, prevé que las relaciones entre las clases sociales se basarían en el consenso y que se establecerían relaciones pacíficas entre las sociedades industrializadas. Las predicciones equivocadas de Comte, como las de Marx, son *errores verificados,* no menos valiosos que sus aciertos para el conocimiento de la naturaleza y de la historia de las formaciones sociales capitalistas. Y también es útil constatar esos errores si se quiere que no perduren en las Ciencias Sociales.

---

[2] El humanismo es una corriente importante de los reformadores políticos, desde el Renacimiento. Son referencias habituales incluso en la época de Comte, Giovanni Pico della Mirandola, el autor en 1486 del *Discurso sobre la dignidad del hombre* (original en latín, *Oratio de hominis dignitate*), y Thomas More, autor de *Utopía* publicado en 1516.

1. Las disociaciones en el origen de la sociología

Los textos de juventud de Comte contienen el programa completo de su obra: se puede avanzar sin quiebra desde el primer escrito de Comte hasta el *Sistema de política positiva*. Comte desarrolla sus ideas primeras sistemáticamente, por etapas, sin alterar el orden que se ha marcado. Pocas veces anticipa sus conclusiones o retrocede a los supuestos: cada uno de sus libros es un capítulo de su sistema.

Un año después de la entrada de Francia en la Santa Alianza, Comte publica el opúsculo *Separación general entre las opiniones y los deseos*. El método de pensamiento que va a emplear queda sugerido desde la primera palabra de este escrito primigenio: *la disociación entre los distintos hechos que en la realidad social se manifiestan solidarios.*

La disociación entre los fines y los medios que funda la sociología como mediación

Comte separa las cuestiones éticas y las técnicas

En la sociedad existen problemas éticos, referidos al «para qué» de la vida social, que Comte denomina «los fines de la sociedad». Y también existen problemas técnicos relativos al «cómo», que tratan sobre «los medios de reformar la sociedad». Aunque los fines del cambio social son éticos, los medios para alcanzarlos tienen que ser técnicos.

Para Comte, las cuestiones de valor referidas a los fines sociales no pueden justificarse con argumentos técnicos. Ni las cuestiones técnicas, concernientes a la gestión de la sociedad, se resuelven con juicios de valor.

Comte afirma que los autores que le han precedido han confundido el plano de los medios con el plano de los fines. No se han dado cuenta de que los respectivos actores son distintos. Los fines expresan las aspiraciones de la comunidad; los medios, las alternativas que en la práctica se ofrecen a los políticos. Mientras que la comunidad es soberana en lo que se refiere a la elección de los fines, no puede ser depositaria de la gestión política; en tanto que la clase política, única preparada para ejecutar un programa de reforma social, carece de derecho para elegir el contenido:

> Al público solo le corresponde señalar el fin, porque si él no sabe siempre lo que necesita, sí conoce perfectamente lo que quiere, y nadie puede pretender querer por él. Pero en lo que respecta a los medios, corresponde exclusivamente a los sabios en política ocuparse de ellos...; sería absurdo que la masa pretendiera razonar a tales propósitos (Comte 1883 [1819]: 49-50).

Comte propone una comunidad sin poder y unos gestores políticos sin objetivos propios. Sugiere que se aplique la división del trabajo para llevar a cabo la modernización de la sociedad, tal como se iba realizando para modernizar la industria. Esta idea de Comte es poco original. Los intelectuales burgueses reformistas que le precedieron, entre ellos Saint-Simon, maestro de Comte, creían igualmente que *la*

división de cualquier objetivo complicado en procesos indepen-
dientes y ordenados, y la ejecución de cada parte del proceso
por especialistas, era la solución «científica» para llevar adelante todas las empresas, incluso las políticas.

Los movimientos revolucionarios y utopistas rebatieron
este planteamiento al considerarlo ilusorio y retrogrado.
Fourier lo denomina «la más reciente de nuestras quimeras
científicas» (Fourier 1848, IV: 28). Blanqui aclara que la
reforma social, por la que los proletarios habían peleado al
lado de la burguesía, no consistía en la sustitución de los
nobles y el clero por otros déspotas más ilustrados. Escribe
con ironía que los proletarios no se habían batido para un
cambio de las efigies en las monedas que pasan por sus manos tan raramente (Blanqui 1971: 83). La cesión del poder
político a una tecnocracia traería como consecuencia la sumisión de las masas y el gobierno autocrático.

Comte ha comprendido que esta crítica es justa. En la
práctica, las aspiraciones del pueblo y las decisiones de los
políticos están disociadas. No obstante, cree que este estado
de cosas no significa que debe renunciarse a ver en la especialización el único método eficaz del cambio social. Sugiere que
se analicen las causas de la disociación con actitud científica.

La disociación que funda la sociología como mediación

A partir de esta idea, el pensamiento de Comte se hace
original. Como existe un desajuste entre las aspiraciones sociales y la práctica política, resulta evidente que la sociedad
necesita instituciones que medien entre los fines sociales, de
carácter ético, y los medios de la reforma social, de carácter
técnico. El desajuste entre ambos niveles es debido a que no
se cuenta todavía con un saber científico que permita llevar
a cabo la necesaria mediación. Comte se propone introducir

**Modelo 1. La disociación entre los fines
y los medios que funda la sociología como mediación[1].**

Niveles de la acción social:	fines	//	medios	//	ejecución
	↓		↓		↓
Actores de la acción social:	público		sabio en política		gobernante
	(sociedad)	↔	(sociólogo)	↔	(ejecutivo)

Elaboración propia.

entre la ética social y la política una nueva ciencia «positiva» al servicio del ajuste entre los objetivos y los métodos de gobierno. En consecuencia, reclama la participación en la planificación social de un tercer actor, intermediario entre los deseos del «público» y «los actos de los «gobernantes». Le denomina con terminología todavía ilustrada «publicista». Aplica este nombre a un nuevo tipo de profesionales especialistas en la reforma de la sociedad que más tarde llamará «sociólogos»:

> La opinión debe desear, los publicistas proponer los medios y los gobernantes ejecutar. Cuando la política se haya constituido en ciencia positiva, el público concederá a

---

[1] En este modelo y en los sucesivos que se han introducido para ilustrar el sistema de ideas de Comte se utilizan los siguientes signos:
- la doble barra (//) para indicar la separación entre dos términos disociados;
- la flecha sencilla (→) para indicar dependencia o campo de aplicación;
- la doble flecha (↔) para indicar interdependencia o comunicación en ambos sentidos;
- y los términos entre paréntesis trasladan los términos de Comte al lenguaje sociológico actual.

los publicistas… necesariamente la misma confianza para todas las cuestiones políticas, que actualmente pone en los médicos [para la salud] (Comte 1972 [1819]: 49-50).

La mediación sociológica consiste en recomponer la acción social disociada; la función del sociólogo será de cara a la sociedad, racionalizar la sumisión; y de cara al poder, eliminar la arbitrariedad de la acción social: «En este estado (positivo) de cosas, la sumisión que se debe a la razón y las precauciones a tomar contra la arbitrariedad quedarán perfectamente conciliadas» *(ibid.)*.

La sociología nace en Comte del empeño de mantener separados el nivel de los valores y el nivel de la práctica, con la expresa función de servir como una técnica de ajuste. El razonamiento de Comte puede ser traspasado al Modelo 1.

La disociación entre los intereses y los sentimientos que separa sociología y ética

Cuando los teóricos positivistas excluyen las ideas liberales de sus proyectos de industrializar las sociedades

Desde el primer escrito Comte quiere eliminar las emociones y los ideales como *medios* del cambio social para establecer la industrialización. La selección de los medios requiere un análisis de los intereses que se persiguen, dejando de lado los sentimientos. Es un planteamiento que sirve para diferenciar el positivismo del liberalismo y que procede de Saint-Simon:

La denominación de *industrialismo* llama la atención sobre los intereses, y, por consiguiente, nos parece *muy preferible* a la de liberalismo o a cualquier otra designación que no indique más que sentimientos: porque los intereses son mucho menos variables que los sentimientos (Saint Simon, 1960: 209)[2].

Sin embargo, las revoluciones burguesas habían recurrido tanto a las emociones como a los ideales y los utilizaron ideológicamente, y Comte era consciente de ello. En el *Segundo opúsculo* reduce la función de los sucesivos contenidos ideológicos a recursos tácticos. Escribe que, en realidad esta clase social ni tiene una ideología propia ni la necesita. La acción revolucionaria de la burguesía se consigue imponiendo sus intereses específicos, que son establecer métodos de producción racionales y controlar los medios de producción. En su opinión, tales intereses específicos coinciden con los colectivos y consiguen el progreso de la civilización.

Comte explica que racionalizar la producción y controlar los medios de producción son objetivos solidarios y que, sin embargo, la burguesía ha tenido que conseguirlos en épocas diferentes y recurriendo a tácticas distintas e incluso contradictorias.

Para lograr la racionalización de la producción (en los términos de Comte, «la capacidad científica») en las etapas heroicas, la burguesía se ha unido al «poder espiritual» (de

---

[2] Comte hereda de su maestro y patrón Saint-Simon el empeño en excluir de la política las dimensiones afectivas. Sin embargo, Saint-Simon consideró que su discípulo desviaba el positivismo hacia enfoques excesivamente cientifistas. Saint-Simon se sintió obligado a encabezar el *Tercer cuaderno del Catecismo de los industriales,* obra escrita por Comte, con una advertencia al lector para que no confundiese el escrito comtiano con su propio sistema. Finalmente, las diferencias de criterio en este punto consumarían la ruptura entre ellos.

la revolución de 1789). Entonces se argumentaba que «la salvación de la sociedad» «estaba en las nuevas técnicas». «La salvación» era un argumento teológico mistificado para los fines burgueses que se invertía contra la propia teología y que resultaba útil para desorganizar al Antiguo Régimen y conseguir el cambio social:

> Estaba en la naturaleza de las cosas que la crisis comenzara [con la tendencia a la desorganización], lo cual era útil, al objeto de que el antiguo sistema feudal fuera bastante modificado, para permitir proceder directamente a la formación del nuevo (Comte 1970 [1822]: 56).

En cuanto a la libertad de conciencia, la soberanía del pueblo y la igualdad eran «armas críticas» (propias del liberalismo revolucionario) igualmente útiles. Pero los cambios históricos trajeron que esas reivindicaciones revolucionarias perdiesen eficacia para avanzar en la industrialización. La burguesía industrial ya no necesitaba de «la ideología crítica» para llevar adelante el cambio de la sociedad:

> Pero hoy que esta condición [la modificación del sistema feudal] está plenamente satisfecha…, la preponderancia que conserva todavía la tendencia crítica [del liberalismo] es el más grande obstáculo a los progresos de la civilización, e incluso a la destrucción del antiguo sistema *(ibid.)*[3].

El razonamiento de Comte prosigue mostrando que ha llegado el momento histórico en el que la reivindicación de

---

[3] Este análisis instrumental de la vigencia de las ideas revolucionarias también era específico del positivismo desde Saint-Simon (1966, vol. XX, tomo 2: 214).

**Modelo 2. La disociación entre los intereses
y los sentimientos que separa sociología y ética.**

	Opciones		
Medios que hay que tomar en cuenta para transformar las sociedades	Los intereses	//	Los sentimientos
	↓		↓
Campo de aplicación	Las instituciones	//	Los valores morales
Dimensión de referencia	La civilización		La ética
Modelos para dirigir los cambios	Dirección orgánica	//	Dirección crítica

Elaboración propia.

la libertad de conciencia sin limitaciones es una propuesta
reaccionaria:

> El dogma de la libertad ilimitada de conciencia… pier-
> de todo su valor en el momento que se le quiere ver como
> una de las bases de la gran reorganización social reservada a
> la época actual; se convierte incluso en perjudicial, en la
> misma medida que fue útil, porque se transforma en un
> obstáculo para esta reorganización…; tal dogma solo es
> aplicable, por su naturaleza, a las ideas que deben desapare-
> cer, porque entonces son indiferentes…; aplicarlo al nuevo
> sistema industrial… Y, sobre todo, considerarlo un princi-
> pio orgánico es caer en la contradicción más extraña…; no
> existe libertad de conciencia en astronomía (*ibid.:* 62-63).

Para poseer los instrumentos de producción (designados
por Comte como la «capacidad industrial») la burguesía industrial «se unió al poder temporal como obligaba la situa-

ción» (*ibid.*: 58). Se refiere a que esa clase social jugó la carta de la restauración de la monarquía borbónica, que se produjo en 1814. Saint-Simon y Comte toman en cuenta que la política de los borbones fue siempre centralizadora. Creen que esta dinastía podía ser orientada por los hombres de empresa hacia una planificación de la sociedad que les permitiría controlar la organización de la producción de acuerdo con sus intereses. Comte retoma de Saint-Simon la idea de que para conseguir ese propósito la estrategia sea controlar el presupuesto del Estado y la acumulación de capital.

La propuesta de abandonar la dirección «crítica»
de la sociedad para tomar la «dirección orgánica»

Comte propone que la actuación de los dirigentes para transformar las sociedades se rija por «criterios orgánicos» que son los que toman en cuenta los intereses que requiere la organización y el funcionamiento de las instituciones. La actuación para transformar los valores que es el propósito de la crítica liberal tiene que cambiar de objeto: su campo no es sociológico sino ético, por lo que en lo sucesivo sus análisis deberán centrarse en los valores morales.

> La única manera de parar la anarquía que invade de día en día la sociedad, reduciendo la crisis a un simple movimiento moral, consiste en llevar a las naciones civilizadas la determinación de abandonar la dirección crítica para tomar la orgánica (Comte 1970 [1822]: 57).

Estas argumentaciones de Comte sobre las formas alternativas de cambiar las sociedades se transcriben en el Modelo 2. Suponen que se prescinda de la justificación moral del cambio social, para que se legitime por su justificación institucional.

La disociación entre cambios sociales
y división social, que establece la sociología
como instrumento de ajustes funcionales

Comte recibe de Saint-Simon el encargo de redactar una ciencia social fundada sobre observaciones históricas, económicas y políticas, que sirva de guía práctica para que los hombres puedan comprender cómo es posible edificar una sociedad basada en la producción industrial (Saint-Simon 1969: 58). Saint-Simon se reserva la teoría de la moral que deberá caracterizar a la nueva sociedad y cede a su discípulo la formulación de la práctica «positiva» (Saint-Simon 1966, XXIII).

Comte diseña un modelo sociohistórico de los cambios sociales. Lo presenta en el *Tercer opúsculo* (1822) que lleva por título «Plan des travaux scientifiques nécessaires pour reorganiser la société» («Plan de los trabajos científicos necesarios para reorganizar la sociedad»).

La concepción irreversible de los cambios sociales

Comte cree, como Saint-Simon, que las transformaciones sociales producidas por las revoluciones burguesas son irreversibles porque no cabe revertir los cambios introducidos por la Reforma y por las ciencias experimentales en la concepción del mundo. Muestra que es imposible el regreso a la época en que «las clases industriales» (es decir, burguesas y menestrales) vivían en estado de servidumbre, porque se requeriría que involucionase al tiempo la concepción de la sociedad que tienen sus sujetos. Esta idea de la mutua dependencia entre las representaciones colectivas y la organización social procede del Iluminismo. Comte subraya que los cambios en el sistema de producción, en el cultural y el científico se corresponden y se producen de una manera paralela. Este razonamiento le sirve de fundamento para su concepción del «progreso».

La concepción histórica de los programas de transformación de las sociedades

Comte concibe que las teorías sociales que hay que aplicar para promover el progreso de las sociedades son diferentes según sus «estados de civilización» (de desarrollo socioeconómico). Afirma que los medios empleados para transformar los sistemas sociales preburgueses que en su momento eran los adecuados ya son artificiales con respecto a la organización que ha alcanzado la sociedad industrial. Considera que son artificiales los medios que proponen tanto la teoría «teológica» del derecho divino del Absolutismo como la teoría «metafísica» que aparece con el Renacimiento y perdura en la doctrina del contrato social de la Ilustración. Si se siguiesen aplicando el cambio social tomaría una dirección distinta de la prevista. Comte introduce el modelo de la sucesión de «estados de civilización» en *Plan des travaux scientifiques nécessaires pour reorganiser la société* y lo utiliza para mostrar la contribución en el pasado de las propuestas teológica y metafísica al cambio sociohistórico y al tiempo, su obsolescencia:

> La doctrina de los reyes representa al estado teológico [al feudalismo]. Muestra las relaciones sociales como si estuvieran fundadas sobre la idea sobrenatural del derecho divino. Explica los cambios políticos… bajo guía sobrenatural.

Y continúa:

> La doctrina de los pueblos [se refiere al liberalismo iluminista inspirado en Rousseau] representa el estado

metafísico; está completamente sostenida por la hipótesis abstracta y metafísica de un contrato social primitivo
anterior a todo desenvolvimiento de las facultades hu
manas...; doctrina originalmente crítica, tomada de la
teología contra el viejo sistema (Comte 1970 [1822]: 95-
97).

Según Comte ninguno de estos dos programas se ciñe a
los límites de su objeto. La teoría «teológica» se sitúa por
encima del nivel propio a los fenómenos sociales en tanto
que la teoría «metafísica» se coloca por debajo. Por lo tanto,
no valen como modelos descriptivos de cómo funciona la
sociedad:

> Se ha visto a la especie humana desprovista de impulso
> propio..., como dispuesta a recibir en cada momento, pa-
> sivamente, aquella [dirección] que el legislador, armado de
> autoridad bastante, quisiera darle. Como consecuencia,
> los [principios] absolutos han reinado y reinan todavía en
> la teórica política teológica y metafísica [feudal y liberal].
> Cada una a su manera, se proponen establecer el tipo eter-
> no de orden perfecto, sin tomar en cuenta ningún estado
> determinado de civilización... Ambas juzgan los regíme-
> nes... por su mayor o menor conformidad con el tipo in-
> variable de perfección que han establecido (Comte 1970
> [1822]: 102-103).

Comte identifica el progreso con la sustitución del conflicto por el consenso. La existencia de la burguesía ha requerido de ambas etapas. Para describir el origen de la sociedad burguesa Comte recurre a una teoría del conflicto.
En tanto que para exponer su continuidad desarrolla una
teoría del consenso.

El modelo positivista del conflicto que explica el origen de la sociedad burguesa

Comte, lo mismo que Marx, atribuye las causas de la desaparición de los sistemas preburgueses a sus propias contradicciones:

> Los reyes, al mismo tiempo que proyectan reconstruir el sistema feudal y teológico, caen en contradicciones perpetuas, contribuyendo con sus acciones tanto a hacer más completa la desorganización del sistema como a acelerar la formación del que debe reemplazarlo…; no hacen un solo acto, un solo paso, dirigido al restablecimiento del antiguo sistema, que no se vea seguido enseguida de un acto dirigido en sentido contrario (Comte 1970 [1822]: 60-61).

También comparte con Marx la idea de que las contradicciones que llevaron estos sistemas a su decadencia eran históricamente inevitables:

> La decadencia… se ha efectuado… por una sucesión de modificaciones independientes de toda voluntad humana, a la que han concurrido todas las clases de la sociedad, y de la que los mismos reyes han sido frecuentemente los primeros agentes… Ha sido, en una palabra, la consecuencia necesaria del transcurso de la civilización (Comte 1970 [1822]: 58).

El positivismo de Comte toma en cuenta la contradicción con la misma naturalidad que la dialéctica del marxismo. La diferencia radica en que, el marxismo encuentra la energía para el salto a otro estado de la sociedad en el interior de las fuerzas en conflicto. Comte cree que los conflictos sociales son necesarios para cambiar las sociedades, pero inadecuados para conseguir su progreso. Toma como ejemplo la oposición entre el liberalismo y el feudalismo, y escribe que ambos se alimentan mutuamente, sus energías se agotan en un ciclo continuo.

El modelo positivista del consenso para explicar el desarrollo de la sociedad burguesa

Comte no dedica demasiado espacio a mostrar la inconsistencia de la concepción teológica de la sociedad: ya era un tema agotado. En cambio, se ocupa extensamente de refutar la teoría del contrato social de Rousseau, mucho más influyente en la época. Destaca que el luminismo concibe el progreso social como un estado de organización que debe regresar al orden mitificado de la naturaleza:

> [Tales teorías] están de acuerdo en hacer coincidentes la perfección de la organización social y un estado de civilización muy imperfecto. Como Rousseau..., han concluido viendo el estado de sociedad como la degeneración de un estado de naturaleza creado por su imaginación análogo de la idea teológica relativa a la degradación de la especie humana por el pecado original (Comte 1970 [1822]: 102-103).

Comte considera que la sociología crítica de los discípulos de Rousseau ya ha desempeñado su papel progresivo abriendo camino al nuevo orden social industrial. Pero cuando la sociedad ha renunciado al orden feudal basado en los estamentos y se prepara para organizarse orgánicamente, aparece un «estado de civilización» más perfecto:

Las instituciones y doctrinas deben ser contempladas en todas las épocas, tan perfectas como lo requería el estado contemporáneo de la civilización…, puesto que están por él determinadas. En su periodo de plena fuerza tienen siempre un carácter progresivo… Solo en las épocas de decadencia poseen carácter estacionario (Comte 1970 [1822]: 143).

Para Comte la única forma progresiva de cambio social en las sociedades industrializadas consiste en la sustitución del sistema de estamentos por el sistema de estratificación más complejo basado en los «estatus» (él los llama «jerarquías»). Su planteamiento positivista y sociohistórico le permite tachar de antiprogresistas a quienes pretendían sustituir al Antiguo Régimen (feudal y estamental) por otro igualitario. Dice que la renuncia a las distinciones jerárquicas reducirá la sociedad a un estado menos organizado y, por lo tanto, más anárquico.

Comte afirma que para reformar las sociedades así jerarquizadas el procedimiento debe de ser la diferenciación entre sus miembros y no el conflicto que reproduce la división entre las clases sociales. Promover tales conflictos es inútil y contrario al progreso. La oposición solo tiene sentido progresivo entendida como el funcionamiento de las *distinciones* que requiere el sistema de producción. De esta forma las sociedades integrarán los conflictos como componentes de sus funciones y podrán progresar en tanto que no intervenga una fuerza exterior.

*Propuesta de la sociología
como instrumento de ajustes funcionales*

Comte concibe el primer modelo funcional del cambio social que aparece en la historia de la sociología. Como los

**Modelo 3. La disociación entre cambios sociales
y división social que establece la sociología
como instrumento de ajustes funcionales.**

Modelos de cambio social	*De consenso*		*De conflicto*
	↓		↓
Modos de actuación con las clases sociales	Promover la conciliación de los intereses	//	Promover la incompatibilidad de los intereses
Propósitos	Establecer jerarquías	//	Instaurar el igualitarismo
Resultados	Distinciones progresivas	//	Indiferenciaciones permanentes
Organizaciones Resultantes	Sociedades organizadas	//	sociedades desorganizadas

Elaboración propia.

funcionalistas que le sucedieron, limita los conflictos en la sociedad industrial programada a las diferenciaciones que existen en el seno de una estructura cerrada. Son contraposiciones que derivan del desarrollo del sistema capitalista y que al tiempo que se solventan, le reproducen. Según Comte, la superación de esos conflictos estructurales tiene que venir del interior de la sociedad, por la intervención de una institución que tiene que ser creada para tal efecto. Le atribuye este papel a la tecnocracia (Comte 1822-61).

La diferenciación de Comte entre los modelos del cambio social basados en el consenso y en el conflicto tiene en cuenta las alternativas que se indican en el Modelo 3.

La disociación entre naturaleza y sociedad, que funda la sociología como como ciencia autónoma

La burguesía agraria no produjo una «sociología». En cambio, se preocupó de fundamentar la asociatividad como una relación basada en principios de la naturaleza anteriores a la organización de las sociedades de validez universal[4]. Esta tarea ocupó en gran parte a la Ilustración durante el Siglo de las Luces.

La burguesía industrial ha negado que el funcionamiento de la asociatividad esté predeterminado por su origen primigenio. En cambio, la relaciona con los cambios sociohistóricos y con ello ha fundado la sociología.

Para la nueva burguesía la asociatividad no necesita fundarse en un principio anterior a la propia sociedad. La sociedad es antinatural en el sentido de que su fin no es preservar el estado de naturaleza, sino, por el contrario, transformarlo. La asociatividad surge en el esfuerzo común de la especie humana, para apropiarse del medio natural. La naturaleza impone sus leyes en el medio no organizado por la intervención humana. La sociedad impone las suyas, en el medio artificial, previsible y controlado. Para la ilustración, la organización de la sociedad servía para arreglar los conflictos entre los hombres; para la sociología nacida de la sociedad industrial, la organización de los hombres sirve para dominar la naturaleza (véase el Modelo 4).

---

[4] «El Pacto» que propone Rousseau en el *Contrato social* se presenta como un acuerdo de validez universal: «Forma de asociación que defienda y proteja de toda la fuerza de la comunidad, los bienes y la persona de cada asociado, mediante la cual, cada uno, reunido con los demás, no obedezca, por lo demás, sino a sí mismo, y permanezca tan libre como antes» (Rousseau 1966: 51).

Modelo 4. La disociación entre naturaleza y sociedad que lleva a cabo el positivismo y funda la sociología como ciencia autónoma.

Paradigmas de las relaciones entre los sistemas de la naturaleza y de la sociedad que son contrapuestos	*De la Ilustración*	*Del positivismo*
Representantes	J.-J. Rousseau	A. Comte
Concepción de las correspondencias entre ambos sistemas	Sistemas integrados	Sistemas disociados
Concepción de la sociedad	Sistema natural	Sistema artificial
Relación de la sociedad (S) con la naturaleza (N)	Dependencia de (S) con respecto a (N)	Explotación de (N) por (S)

Elaboración propia.

Comte afirma que la nueva burguesía industrial tiene la misión de llevar a cabo esa misión prometeica.

Para Comte el conflicto esencial es el que existe entre la humanidad global y el medio natural. La industrialización está destinada a implantar una civilización en la que, a un tiempo, la naturaleza será dominada y la sociedad totalmente organizada.

La concepción de la sociedad como un sistema artificial y contrapuesto respecto de la naturaleza requiere que se encuentre otra referencia (artificial y específica) para analizar la organización y el funcionamiento de las sociedades. Comte encuentra esa referencia en el sistema industrial de producción. Para operar a este nivel de análisis Comte, además de disociar los procesos sociales respecto de los naturales, los reduce a las transformaciones que considera necesarias para el desarrollo del citado sistema de producción. Hay que destacar dos importantes reducciones:

1.ª *Reducción del progreso a la productividad*

«Progreso» designa un valor transmitido desde el renacimiento por el humanismo que implica la idea de «perfeccionamiento». Comte prescinde de esta connotación y le da al término un significado técnico. El «progreso» consiste simplemente en el «desarrollo». Concretamente en el «desarrollo» de la forma de producción de las sociedades industriales:

> Sería fácil estudiar la Física Social [recuérdese, que designa a la sociología] sin emplear una sola vez la palabra «perfeccionamiento», y reemplazándola siempre por la expresión simplemente científica de «desarrollo». El desarrollo debe ir necesariamente acompañado por una mejora correspondiente, o progreso…; este progreso constante me parece tan incontestable como el desarrollo mismo del cual se deriva (Comte en Gurvitch 1959: 44).

2.ª *Reducción de las instituciones sociales al sistema productivo*

Reduce la organización social, a través de las instituciones, al sistema de producción y sus modelos:

> Es claro que el orden político es la expresión del orden civil, y, por lo menos, igualmente evidente que el orden civil… solo es la expresión del estado de la civilización (Comte 1970 [1822]:107).

«Civilización» equivale a estado de la producción; «orden civil», a instituciones; «orden político», a sistema social. Expresado en términos actuales, Comte propone el siguiente análisis del estado del sistema social:

Sistema social	←	Instituciones sociales	←	Desarrollo de la acción y el pensamiento sobre la naturaleza
(Orden político)	←	(Orden civil)	←	(Estado de civilización)

2. Las transformaciones de las metodologías en el origen de la sociología

Correspondencia entre el estado de desarrollo de las sociedades y los modelos científicos que las describen

La sociología se separa en Comte de la ética y del derecho para establecerse como un *modelo*. La filosofía de la ciencia de su tiempo le permitía a Comte creer que era posible diseñar un modelo de mediación entre el estado de la sociedad y los fines del cambio social, cuya aplicación no se implicase artificialmente en la marcha de la sociedad. La sociología proporcionaría ese diseño al tiempo teórico y práctico que sería científico y objetivo.

Concepto de «ciencia social objetiva»

La concepción positivista de la objetividad establece que un modelo científico de la sociedad reproducirá en el plano del conocimiento, la organización de la sociedad en el plano real. Esta idea se designa actualmente con el término «isomorfismo» cuyo significado es que la estructura del modelo y del sistema al que representa se corresponden. Por tanto, en la ciencia social un modelo «objetivo» estará determinado en cuanto a su forma y en cuanto a sus fines, por los fines y la forma de la sociedad que describe. Es una «ley» en el doble sentido de «necesidad» y «ordenación» que Comte toma de Montesquieu.

Este criterio epistemológico ha sido determinante de la teoría y de la metodología sociales. Establece que un modelo fiel a su objeto excluye criterios ajenos al objetivo para el que se le diseña y que lo configura. Comte considera que ese criterio específico es incrementar la productividad. Entiende que su sistema es «objetivo» porque está comprometido con los intereses de la naciente sociedad industrial. Le habría parecido «metafísica» la idea de que «objetivo» pudiera significar «no condicionado» por esos intereses. Cada vez que tiene ocasión Comte relaciona su sociología con la sociedad en la que cree y con las consecuencias que de esa correspondencia han de derivarse. Ninguna otra cosa le habría parecido objetiva ni tampoco lógica y ética. Cabe dejar constancia de que antes después del positivismo otras corrientes de pensamiento aplican el criterio opuesto y consideran que no son objetivas las teorías que no se supeditan a los intereses del sistema social al que se refieren.

La concepción del «progreso» como desarrollo de la complejidad de los sistemas sociales

La visión que tiene Comte del «progreso» como un proceso sociohistórico se basa en que las sociedades que perduran evolucionan hacia la complejidad. En consecuencia, para mantener su organización no pueden dejar de progresar. Por lo tanto, el progreso ininterrumpido es una condición necesaria para la reproducción del orden social. Comte afirma que incluso las etapas históricas en las que las revoluciones parecen desorganizar la sociedad, si se contemplan desde la perspectiva de la evolución de la humanidad, aparecen

---

**Modelo 5. relación entre la reproducción
y la complejidad de los sistemas.**

Plano de la estructura productiva

Progresión	↔	Regresión

Plano del modelo cultural

Complejidad	↔	Desorden

Elaboración propia.

como destinadas a instaurar formas de organización social más complejas:

> El sentido general de la progresión individual o colectiva no puede jamás cambiar. Porque el progreso permanece siempre como el simple desenvolvimiento del orden… La degradación, personal o social, solo puede ser parcial y temporal…; incluso en los casos excepcionales… se reduce ordinariamente a la falsa apariencia… del movimiento humano, que constituye siempre una progresión oscilatoria (Comte 1912 [1851-1854]: III, 72).

Hay otra forma de referirse a esa misma relación más tarde utilizada por los estructuralistas, que se ve reflejada en el Modelo 5.

En el contexto de los cambios sociales que ocurren durante la generación de Comte, la burguesía agraria va a perder poder político para cedérselo a la burguesía industrial. La nueva clase estaba dispuesta a organizar la producción de forma cada vez más compleja. Tal propósito resultaba aborrecible para la burguesía agraria impregnada del mito rousseauniano del retorno a las relaciones sociales directas y simples[1]. Los ideólogos de la industrialización, Comte incluido, ya no ensalzan a la naturaleza como fuente de toda riqueza –que era la concepción del programa ilustrado–, sino a la industria que la transforma y explota. Tampoco luchan por el *«laissez faire, laissez passer»*, consigna destinada a otorgar a los granjeros la libertad de sembrar y de vender sin las restricciones impuestas por el Estado corporativo. Esos programas todavía estaban vigentes en el liberalismo –individualista y crítico con el «organicismo positivista», que estaba empeñado en organizarlo todo para dirigirlo–. La permanencia de esas ideas era un estorbo para el funcionamiento de la emergente sociedad industrial o, como Comte prefiere decir, para el desarrollo del nuevo «estado de civilización»:

> Por una fatalidad irresistible, los diferentes dogmas de
> los que se compone la doctrina crítica no han podido ad-

---

[1]   Cuando Comte escribe el *Tercer opúsculo,* todavía se reedita la *Enciclopedia,* y con ella su concepto de la producción industrial como la actividad «industriosa» (es decir, habilidosa) de individuos aislados e independientes. En el artículo «Manufactura» de la *Enciclopedia,* puede leerse:

«Por *manufactura* se entiende un número considerable de obreros reunidos en el mismo lugar bajo la vigilancia de un empresario…, y (se entiende) aquella otra especie de obra… no reunida en un solo recinto… compuesta por todos los que trabajan en ella, y concurren… sin buscar más interés que el que cada uno de los particulares obtiene para sí mismo. De donde se pueden distinguir dos clases de manufacturas: *reunidas* o *dispersas…*

»Una manufactura reunida solo puede establecerse y sostenerse con grandes gastos de edificios…, entretenimiento…, directores, capataces, administrativos…, criados y otras gentes por el estilo…; es obligado que todos estos gastos repercutan sobre… las mercancías…, las cuales, no obstante, deben ajustarse al precio habitual… que exigen los pequeños fabricantes. Por lo que casi siempre los grandes establecimientos son ruinosos…; los fabricantes dispersos no se ven expuestos a tales inconvenientes» (*Encyclopédie* 1962:162).

quirir toda la energía necesaria para cumplir su destino material, más que adquiriendo un carácter absolutista, que les convierte necesariamente en hostiles, tanto al sistema que debían construir, como hacia cualquier sistema social...; cuando se les mira orgánicamente [como teoría de la organización social] equivalen a sostener el principio... de que la sociedad no debe ser organizada (Comte 1968 [1816-1822]: 91-92).

Comte describe así el programa de la nueva sociedad organizada para la producción:

> La observación ha dominado a la imaginación[2]... En lo temporal, la industria ha llegado a ser preponderante. Todas las relaciones particulares se han establecido poco a poco sobre bases industriales. La sociedad, considerada colectivamente, tiende a organizarse de la misma manera, dándose como fin activo, único y permanente, la producción... En una palabra, esta última época ya ha penetrado en cuanto a los elementos, y esta presta a iniciarse en cuanto al conjunto (Comte 1970 [1822]: 140).

Para Comte la teoría social que corresponde a la nueva sociedad proporcionará un modelo *del estado de la organización* (punto de vista sincrónico de la «estática») y un modelo *del progreso de la organización* (punto de vista diacrónico de la «dinámica»). Concibe que el «orden» es la manifestación de la *«organización»* que tiene cada sistema social; siendo el *«progreso»* las transformaciones que desarrollan esa organización:

---

[2] Comte concibe la subordinación de la imaginación a la observación como una ley que expone *Discours sur l'esprit positif* (1844), en el capítulo «Subordination constante de l'imagination à l'observation».

La doctrina científica de la política [ve] el estado de la
sociedad, en un momento histórico dado, como la consecuencia necesaria de su organización... Considera el orden social como orientado a desenvolver colectivamente la
tendencia natural [a actuar sobre la naturaleza]; regularla y
acordarla para que la acción útil sea lo más amplia posible
(Comte 1972b [1822]: 95-97).

De acuerdo con la ley del progreso cada uno de los estados sociales es el resultado necesario del precedente y el mo-
tor indispensable del que le sigue. La dinámica es la parte de
la sociología que describe las leyes que regulan ese proceso
socio histórico.

*Los modelos se aplican al progreso de las sociedades
según sus estados históricos*

[La teoría positiva] trata de referir a leyes fundamentales de la organización humana... los pasos [que la especie]
ha dado y los estados intermedios que obligatoriamente
hubo de recorrer (Comte 1970 [1822]: 95-97).

La historia de cada sociedad concreta determina la varie-
dad de los estados que podrá adoptar en el futuro:

[La teoría positiva] concibe, para un determinado grado
de civilización, las combinaciones políticas como única-
mente destinadas a facilitar los pasos que tienden a produ-
cirse seguidamente de que han sido precisamente determinados *(ibid.)*.

La tesis de que la teoría social tiene que corresponderse
con el estado de las sociedades, implica que carecen de efica-

cia revolucionaria hasta que las condiciones objetivas en el plano de la organización social están suficientemente desarrolladas. Este supuesto se encuentra tanto en el programa de Comte como en el de Marx, pero procede de Saint-Simon:

> Las ideas más justas, cuando se encuentran demasiado avanzadas respecto al estado del conocimiento, carecen prácticamente de utilidad; se las olvida antes de que lleguen a estar en condiciones de ser aplicadas con eficacia (Saint-Simon 1966, XL: 7)[3].

Según este planteamiento el reformador político cuenta con alternativas de cambio limitadas en cada etapa de la organización social. Comte aplica este criterio y aclara que hasta que llegó su tiempo, cuando ya era posible configurar la sociedad orgánicamente, la teoría positiva que estaba destinada al gobierno de la sociedad habría sido prematura:

> La teoría [positiva] no podía establecerse hasta entonces, porque habría estado demasiado avanzada con respecto a la práctica [«práctica» designa el funcionamiento de la sociedad industrial]. Destinada [la teoría] a dirigir esa práctica no debería adelantarla hasta tal punto que la perdiera de vista.
>
> [...]
>
> [La teoría positiva anteriormente] no habría contado con la base experimental suficiente. Se precisa un sistema de orden social... y toda la permanencia posible para dicho sistema (Comte 1970 [1822]: 95-98).

---

[3] Esta misma idea la desarrolla Saint-Simon en *De la réorganisation de la société européenne* (1814) y en *Du système industriel* (1966, vol. XXI).

Pero al tiempo, esa misma determinación que condiciona el cambio social al estado de civilización, hace posible prever hacia donde se orienta el progreso de las sociedades. Ya en *«Considérations philosophiques sur les Sciences et les savants»,* cuando todavía llamaba «Física Social» a lo que después entendería por sociología, Comte ofrece un planteamiento evolutivo tanto de la ciencia de la sociedad como de los fenómenos sociales (la cursiva es nuestra):

> Yo entiendo por Física Social la ciencia que tiene por objeto propio el estudio de los fenómenos sociales... se propone explicar... el desenvolvimiento de la especie humana..., descubrir mediante qué *encadenamiento necesario de sucesivas transformaciones* el género humano, partiendo de una situación apenas superior a la de las sociedades de los grandes simios, *ha sido llevada gradualmente* al punto que hoy se encuentra en la Europa civilizada...

La Física Social observa cómo se relacionan los fenómenos sociales para establecer las leyes relativas que los regulan; un planteamiento positivo que le diferencia de los intentos teológicos y metafísicos de identificar los principios absolutos que motivan la existencia de la humanidad:

> Contemplando los hechos sociales no como sujetos de admiración o crítica..., sino de observación, *se interesa* únicamente *en establecer sus relaciones, captando la influencia que cada uno de* [los hechos sociales] *ejerce sobre el conjunto* del desenvolvimiento humano (Comte 1972c [1825]: 86-87).

La sociología es la ciencia positiva que aparece cuando se han desarrollado las que le han precedido, que son las ciencias matemáticas, astronómicas, físicas, químicas y biológicas.

Utiliza y sistematiza las aportaciones de estas cinco ciencias fundamentales. La sociología corona y completa el progreso del conocimiento positivo y esa posición le confiere el estatuto epistemológico de la ciencia más universal y «a escala enciclopédica» la función de coordinar y desarrollar las ciencias positivas (en «Consideraciones generales sobre la jerarquía de las ciencias positivas» [«Considérations générales sur la hiérarchie des sciences positives», Lecc. 10, *Cours de philosophie positive*], 1830-1842).

El método para describir y prever las transformaciones de los sistemas sociales

*Las sociedades son tanto más previsibles
cuanto más hayan desarrollado su organización*

Ya se ha indicado que Comte concibe las sociedades como sistemas complejos. Adelantándose a la metodología para el estudio de los sistemas autorregulados que ahora se denomina «cibernética» analiza la complejidad de los sistemas sociales según el grado de «orden» (de organización) que exista entre los elementos que los compongan. Y, en tanto que ninguna intervención exterior afecte a su orden interno, es el factor que determina (que autorregula) el «desarrollo» (las transformaciones que pueden experimentar los sistemas sociales sin que se les destruya). Esas transformaciones son tanto más previsibles cuanto más organizado esté el sistema. Por tanto, las políticas que aumentan el «orden» favorecen tanto el «progreso» histórico como el conocimiento científico (que consiste en «saber para prever»).

Esta relación entre la organización de las sociedades y sus transformaciones explica la asociación de Comte entre «orden y progreso». Comte era consciente de la utilidad que tenía ese vínculo para legitimar el control social y de hecho elabora una mística del orden, cuyo objetivo era asegurar la aplicación y la efectividad de ese control. Pero su propuesta ordenacista deriva de su análisis sistémico del cambio social, cuando considera inevitable para el desarrollo de la industrialización preservar un orden que ya está predeterminado.

Esta interpretación que aquí se sugiere del control del cambio social según Comte se basa en el análisis de contenido de sus textos, entre ellos los que se han seleccionado y se reproducen en este libro. En ausencia de una teoría de la información que hiciese posible formular matemáticamente el grado de complejidad de los sistemas autorregulados, Comte tuvo que expresar su revolucionario concepto del control de los organismos en un lenguaje organicista y moralista. Fue Norbert Wiener creador de la cibernética quien retomó el organicismo de Comte y no por casualidad la define como «ciencia de la evolución y el comando de *los organismos*» (Wiener 1948; 1950; la cursiva es nuestra). Esa coincidencia semántica se corresponde con la equivalencia de los paradigmas. Wiener indica que son «organismos» todos los sistemas autorregulados incluyendo entre ellos a los sistemas sociales. Precisamente es así como cabe definir al programa de Comte. Desde esta perspectiva de la organización y la autorregulación hay que entender su insistencia en que el positivismo es una ciencia para el conocimiento y el control del cambio de las sociedades, que relaciona el orden y el progreso. Afirmación que aceptamos en Shannon (1949) y que habrá de liberar de malentendidos en quien por primera vez la propuso: Comte[4].

---

[4] Los cibernéticos expresan la misma relación que ha establecido Comte entre conocimiento del orden de los sistemas sociales, y las opciones que son posibles para su transformación. Por ejemplo: «Todo sistema aislado

Comte concibe la sociología, como la ciencia cuyo fin es reproducir a nivel teórico el tipo de relaciones características del sistema de producción industrial. Su sociología es una teoría de la eficacia como pretende serlo la cibernética:

> Descartando de las diversas instituciones toda idea absoluta del bien o mal la Física Social (es decir, la sociología), las considera siempre *relativas a la situación determinada de la sociedad,* y con ellas cambiantes. Al tiempo considera que pueden *instaurarse por la única fuerza de los antecedentes,* al margen de toda intervención política (Comte 1972c [1825]: 87; la cursiva es nuestra).

El análisis de las transformaciones sociales identifica cuál es el fin hacia el que se encamina el progreso

La concepción que tienen Comte de la organización de los sistemas sociales implica que su funcionamiento desemboca en un estado previsible, que es el «fin» hacia el que se orienta el cambio social. En correspondencia con esta concepción finalista el modelo sociológico que diseña es intencional. Los fines que cumplen las instituciones sociales se revelan cuando la ciencia política se funda «sobre la observación directa de los fenómenos relativos al desenvolvimiento colectivo de la especie humana». Y «[como resultado] del transcurso de la civilización se tiende a producir la

---

evolucionará de un estado a otro igualmente probable, o más probable… Si el nuevo estado es más probable; el sistema lo toma sin posibilidad práctica de regreso al estado inicial. Es lo que se expresa diciendo que la transformación es irreversible… Para llegar a un estado más ordenado… necesitaremos disponer de una cierta información… la necesaria para establecer un grado de orden» (Guillaumaud 1965: 159-161).

determinación del sistema [social actual]» (Comte 1972d [1830-1842]: 199).

El análisis de las transformaciones sociales que desarrolla Comte es por definición diacrónico: el pasado está incluido en el presente y el futuro está ya implícito en el presente.

> El orden cronológico no es el fisiológico [es decir, el so-ciológico]. En lugar de decir «el pasado, el presente y el por-venir», es necesario decir «el pasado, el porvenir y el presen-te». Solo cuando por el pasado se ha concebido el futuro, se puede regresar con provecho sobre el presente (Comte 1972b [1822]: 121-122).

Comte describe el desarrollo de la nueva sociedad indus-trial como una etapa en el progreso de la civilización. Para entender esa dinámica la sociología tiene que aplicar análisis diacrónicos:

> El estado presente de la civilización, considerado aisla-damente, no puede determinar la tendencia actual de la so-ciedad...; la razón es que para establecer una ley no basta con un término, sino que se necesita contar al menos con tres (el pasado, el presente y el porvenir), para que la rela-ción, descubierta por la comparación entre los dos primeros y verificada por el tercero, puedan servir para encontrar el siguiente, lo que es precisamente el fin de toda ley (Comte 1972b [1822]: 162-163; 1972d [1830-1842]: 69, 199).

El positivismo de Comte es una futurología que preten-de controlar metódicamente el «porvenir»; tratando al «pre-sente» como una variable intermedia: «un lapso vago y fu-gaz que une dos inmensidades de duración» (Comte 1912 [1851-1854], vol. II: 360).

La búsqueda de las leyes que presiden el desenvolvimiento social de la especie humana

Este enunciado es de Comte y con él propone su concepto de la historia como ciencia:

> No ha existido hasta ahora verdadera historia concebida con un espíritu científico, es decir, teniendo como fin la búsqueda de leyes que presiden el desenvolvimiento social de la especie humana (Comte 1970 [1822]: 168).

Los pasos discontinuos y sucesivos del progreso humano

El discurso de Comte a la hora de exponer esas leyes históricas del cambio en las organizaciones sociales está trabado por términos metafóricos propios de su tiempo[5]. Esa imprecisión ha tenido como consecuencia una lectura equivocada, a nuestro juicio, de su teoría del «progreso». Cuando Comte escribe sobre *los pasos* de la historia, utiliza el término *«marches»*. Esta palabra contiene la idea de *escalón* y *progresión*. Significa en su contexto, que, a lo largo del tiempo, la sociedad alcanza cada nivel de organización por

---

[5] Comte, siguiendo la terminología de la época, se refiere a los fenómenos sociales con símiles tomados de las ciencias que estudian el funcionamiento de los organismos humanos: «Los fenómenos sociales, en tanto humanos, se incluyen entre los fisiológicos; por esta razón, la Física Social [la sociología] debe partir de la fisiología individual…». No obstante, su concepción del progreso le permite superar esa referencia: «Pero, con igual atención, la Física Social debe ser concebida como ciencia completamente diferente, por la influencia progresiva de las generaciones humanas… de unas sobre otras. Influencia que… no podría ser convenientemente estudiada desde un punto de vista exclusivamente fisiológico» (Comte 1972c [1825]: 87).

pasos discontinuos y sucesivos. El sentido ascendente de la historia se expresa como complejidad; el descendente, como desorden. Estas ideas son equivalentes a las de información y de entropía, respectivamente[6].

La anterior precisión aclara el sentido de algunos escritos esenciales de Comte. Por ejemplo, de este texto del *Cours de Philosophie Positive*: «El conocimiento de los pasos progresivos que separan un estado inicial de la organización social de otro estado actual sirve para medir el orden [es decir, la complejidad de la organización social]» (Comte 1972d [1830]: 231). Esta interpretación muestra que el texto es una referencia metodológica a la forma de analizar la complejidad que tiene la cibernética cuando se aplica para explicar la organización de los sistemas sociales. Ese mismo texto se traduce frecuentemente al español de la siguiente manera: «el progreso equivale al orden». Esta versión le presenta como una apología del Estado autoritario. Comte pasó efectivamente desde el análisis metodológico de la organización social a la propuesta del control social autoritario. Se le ha criticado justificadamente por esta trasgresión, pero no se ha reparado en el valor científico de la metodología que estaba creando. A nuestro modo de ver la concepción de la sociedad como «un organismo informado» que es propia de la cibernética estaba disponible desde la primera definición de la sociología.

---

[6] El modelo de Comte concibe la involución de los sistemas como consecuencia de la pérdida de organización. Una dinámica a la que hay que oponer una acción contrapuesta que reconstruya el orden, basada en el conocimiento de cómo se mantiene el progreso. El concepto de entropía en la aplicación que de él hace la cibernética se basa en un razonamiento idéntico. Véase por ejemplo en Pierce «un incremento en la entropía significa una disminución del orden; pero cuando preguntamos qué significa orden, debemos, en cierto modo, igualarlo con conocimiento» (Pierce 1962: 36).

Isomorfismo entre las leyes que regulan la transformación del mundo y del conocimiento

La «ley de los tres estados» es uno de los textos más conocidos de Comte. Es el acta de nacimiento de la sociología comtiana –para algunos, de la sociología– y, al mismo tiempo, del método orgánico. El primer estado de la humanidad es teológico, cuando los fenómenos que no se comprenden se atribuyen a la intervención de poderes sobrenaturales. Le sigue el estado metafísico, cuando se recurre a principios abstractos y universales como causas explicativas de esos mismos fenómenos. El estado científico o positivo es el último y se caracteriza porque se deja de especular sobre las causas para identificar las leyes concretas y particulares que regulan el funcionamiento de las cosas.

La «ley de los tres estados» es un modelo del cambio sociohistórico que procede de Giambattista Vico. En Comte, la ley cumple esa misma función, pero además es un referente epistemológico. Refleja que el orden con el que se desarrolla el conocimiento es el mismo orden con el que se transforma el mundo:

> Estudiando el desenvolvimiento total de la inteligencia humana en sus actividades… creo haber descubierto una gran ley fundamental, a la cual está sujeto por una invariable necesidad… [ley], establecida sobre las pruebas racionales proporcionadas o por nuestra organización… o por nuestro examen del pasado…
>
> Esta ley consiste en que cada una de nuestras principales concepciones, cada rama de nuestros conocimientos pasa por tres estados teóricos diferentes: el estado teológico o ficticio, el metafísico o abstracto y el científico o positivo (Comte 1972d [1842]: 125).

La «ley de los tres estados» implica que nuestro conocimiento aplica unas leyes lógicas que se corresponden con las leyes físicas que configuran los objetos.

> La existencia constatada de un orden inmutable al que se someten los sucesos de todo género…, orden… a la vez *objetivo* y *subjetivo*…, concierne igualmente al *objeto* contemplado y al *sujeto* observador (la cursiva es nuestra).

El desarrollo de las ciencias responde a esa ley porque regula tanto el entendimiento como sus objetos:

> Las leyes físicas suponen, efectivamente, leyes lógicas y viceversa. Si nuestro entendimiento no siguiera espontáneamente ninguna regla, no podría jamás apreciar la armonía exterior… toda la fe positiva reposa pues sobre una doble armonía entre el objeto y el sujeto (Comte 1907 [1848]: 53).

La evolución intelectual de la humanidad y las transformaciones históricas de las sociedades se explican tomando en cuenta la sucesión de esos mismos tres estados teóricos («Ley de la evolución intelectual de la humanidad», en *Discours sur l'esprit positif,* 1844, Parte I, cap. 1). Siguiendo este criterio, Comte establece como un dogma la correspondencia entre la ciencia de la sociedad y la reproducción del orden industrial. Pero el fundamento de ese dogmatismo está en el propósito de construir modelos científicos que fuesen válidos a la vez para construir la ciencia y describir la realidad. Ese es uno de los empeños científicos de la época y se refleja tanto en el nacimiento de la sociología, como del cálculo lógico de los sistemas complejos.

Las matemáticas para el estudio de los fenómenos sociales

Existe una estrecha relación entre los criterios lógicos y formalistas de la sociología comtiana y del álgebra simbólica. Un año antes de que Comte publicase *El discurso sobre el positivismo,* G. Boole publica *The mathematical analysis of Logic,* obra que su autor considera «las matemáticas del espíritu humano». El texto de Boole que se reproduce seguidamente contiene el mismo punto de vista que luego sostiene Comte sobre los vínculos entre la lógica, el conocimiento y la realidad:

> Una gran parte del placer que encontramos en la aplicación del análisis a la interpretación de la naturaleza exterior nace de que nos permite concebir la universalidad del reino de la ley…; incluso la simetría de su expresión analítica puede [interpretada fantasiosamente], ser juzgada como prueba de la armonía y de la unidad… las leyes que expresamos son… las de nuestras facultades intelectuales…, son las matemáticas del espíritu humano… Hay en sus teoremas… la excelencia que procede de la ausencia de excepciones (Boole, 1847: 3-11).

El modelo de Boole, como el comtiano, se independiza del contenido:

> Quienes están al corriente… del álgebra simbólica saben que la validez de las observaciones… depende solamente de las leyes de su combinación, y no de la interpretación de los símbolos utilizados. Cualquier sistema de interpretación que no afecte a la verdad de las relaciones propuestas como principios es igualmente aceptable *(ibid.).*

No hay que ver en esta convergencia la mera trasla-
ción de ideas de los lógicos matemáticos a la sociología
porque son numerosos los textos de Comte anteriores a
los de Boole, entre ellos algunos de los que ya hemos citado.

Comte rechaza la aplicación de la estadística en sociología porque ha comprendido que las matemáticas analíticas
son incapaces de describir las transformaciones de los cuerpos organizados en general y de las organizaciones sociales
en particular:

> Los esfuerzos hechos para aplicar a la ciencia social el
> análisis matemático…, especialmente… el cálculo de pro-
> babilidades…, sin añadir nada verdaderamente esen-
> cial…, no han… conducido a otra cosa que a presentar…,
> después de un largo y penoso trabajo algebraico, algunas
> proposiciones casi triviales… Bichat ha mostrado… la im-
> posibilidad radical de llevar a cabo una aplicación autént-
> ca e importante del análisis matemático a los fenómenos
> de los cuerpos organizados, lo cual se aplica de manera
> directa y especial a los fenómenos morales y políticos, que
> son solo un caso particular entre aquellos (Comte 1970
> [1822]: 148-150).

El análisis que hace Comte de las limitaciones que tiene
la estadística para cuantificar los fenómenos que resultan
del funcionamiento de los sistemas sociales se basa en que
«el cálculo de probabilidades supone desprovisto de leyes
naturales la mayor parte de los fenómenos» (Comte 1856:
732) y sigue siendo válido:

> La condición preliminar para que los fenómenos sean
> susceptibles de ser referidos a leyes matemáticas es que sus

grados de cantidad sean fijos [es decir, que varíen por intervalos constantes] *la extrema variabilidad es uno de los grandes caracteres de los fenómenos propios de los cuerpos organizados...* prohíbe toda esperanza de someterlos jamás a verdaderos cálculos, como, por ejemplo, los de los fenómenos astronómicos... El análisis matemático... no enseña nada de lo real (Comte 1970 [1822]: 148-150; la cursiva es nuestra)[7].

Comte trata de encontrar otro método de cálculo que respete la complejidad de la estructura social y exprese el cambio. Lo llama «método positivo»[8] y lo fundamenta en el análisis de las operaciones mentales. La descripción que hace Boole de las nuevas matemáticas en contraposición de las clásicas coincide con las ideas de Comte:

La idea predominante [en las matemáticas clásicas] era la de... cantidad o, más precisamente, la idea de proporción numérica: [se creía] que las matemáticas son... la ciencia de la cantidad... pero esta conclusión no es abso-

---

[7] Sorokin escribe: «Las matemáticas, como matemáticas, fueron siempre positivistas...; no se puede decir que hayan pasado por la fase teológica, metafísica y positiva» (1969: 158). Creo que Comte tiene razón frente a Sorokin: las matemáticas fueron teológicas con los pitagóricos, analíticas (metafísicas en el sentido comtiano) con la ciencia moderna, y ahora positivas. Efectivamente, como dice Sorokin, dos y dos siempre fueron cuatro; pero es ahora cuando «dos», con la binarización, posee un valor para el cálculo de las estructuras que en las matemáticas modernas nunca había sido desarrollado.

[8] El nombre le llega a través de Saint-Simon. Comte expresa con esta denominación tanto un homenaje a su maestro como su desacuerdo con el positivismo idealista que Saint-Simon hace explícito en *Le nouveau christianisme*.

lutamente necesaria...; más que sobre la base de una in-
ducción..., lo que hace posible la lógica es la existencia en
nuestros espíritus de nociones generales... que la ligan
íntimamente al lenguaje...; una teoría [matemática] que
logre expresar[se]... por leyes de combinación fundadas
sobre las leyes de las operaciones mentales a las que repre-
sentan sería, al tiempo, un lenguaje filosófico... (Boole
1847: 3-11).

Las anteriores observaciones de Comte suponen la disociación entre modelo y contenidos. El modelo es la forma
invariante que organiza el conocimiento y el contenido re-
crea las formas, tanto a nivel del pensamiento como de las
instituciones sociales.

Estructura social y pensamiento se hacen conmutati-
vos, si se les compara en lo que tienen de común, que es *la
forma* que les configura. Esa correspondencia no significa
que la inteligencia condicione la historia, un determinismo cognitivista que en ocasiones se atribuye erróneamen-
te a la sociología comtiana. Aron se refiere a ese malenten-
dido:

Que el progreso del espíritu humano sea el aspecto característico del devenir histórico no significa que el movimiento de la inteligencia *determine* la transformación de
los restantes fenómenos sociales...; [Comte] no propone
el problema en estos términos...; el modo de pensar determina las grandes etapas de la historia de la humanidad...;
la inteligencia indica la dirección de la historia humana
(Aron, 1970: 129).

La metodología predictiva y los orígenes de la deshumanización en las Ciencias Sociales

El «método positivo» que identifica y controla las desviaciones de las transformaciones sociales

Comte considera que los conocimientos sociológicos son científicos cuando sirven para prever cuáles serán las actuaciones que se requieren para mantener el «progreso».

La predicción sociológica cumple la función de asegurar que el sistema social industrial siga «progresando». Comte se percató de que las transformaciones sociales serán predecibles en la medida en que la sociedad funcione como un sistema programado. Y cree que esa programación se logra cuando la organización de las sociedades se ajusta al sistema productivo que las determina. Por lo tanto, será necesario evitar, y en su caso corregir, las desviaciones de la programación que sean incompatibles con el funcionamiento y desarrollo de las estructuras de producción industrial.

Esas desviaciones pueden ser el resultado de los comportamientos colectivos. Quienes forman la sociedad pueden «reaccionar» oponiendo resistencia a la organización de las relaciones sociales que conviene al sistema de producción industrial. Ahora bien, esas relaciones sociales son controlables cuando se controla la organización productiva, porque dependen de ella:

> Sin duda, la organización social reacciona a su vez… Sobre la civilización… Pero esta influencia, a pesar de su gran importancia es solamente secundaria…, no debe cuestionar el orden natural de dependencia (Comte 1970 [1822]: 148-150).

Pero también se pueden producir desviaciones que afectan al progreso de la industrialización si la naturaleza no está sometida a los fines de la productividad. Recuérdese que esa instrumentación es para Comte la condición necesaria para el progreso humano. Comte no se percató de que la naturaleza modificada para la industrialización tendría efectos retroactivos irreversibles. Efectos desorganizadores del sistema, como la polución o las enfermedades sociales estaban fuera de su horizonte de observación. El error de Comte procede de creer que el ajuste que podía establecerse entre naturaleza y sistema de producción industrial sería equivalente al que se había producido entre la naturaleza y los sistemas de producción agrícolas y artesanos.

De hecho, Comte indica que los cambios producidos por el desarrollo de la productividad someten el sistema social a influencias permanentes tanto de las relaciones sociales como de la naturaleza, que le desorganizan. Ese efecto desorganizador es una característica de los sistemas en los que las relaciones entre sus componentes están autorreguladas y actualmente se denomina «retroacción»:

> Por su propia naturaleza, todas las clases de fenómenos sociales se desenvuelven simultáneamente bajo la influencia mutua, de tal suerte que es absolutamente imposible explicarse la progresión seguida por cada uno de ellos sin haber previamente concebido de una manera general el avance del conjunto...; el perfeccionamiento del estudio de la naturaleza y el de la acción sobre la naturaleza, ¿no se refieren el uno al otro? ¿No están ambos estrechamente ligados con el estado de organización, social, y recíprocamente? (Comte 1970 [1822]: 169).

Comte se plantea cómo asegurar que la industrialización progresase hacia su fin sin que se vea entorpecida por los efectos imprevisibles que producen la indeterminación de los comportamientos sociales y el determinismo de la naturaleza. Confía a la dinámica (la parte de la sociología que trata del desarrollo de la organización) las funciones de prever las posibles desviaciones del modelo industrial y de proporcionar los conocimientos necesarios para que la acción social anule los efectos de la retroacción.

En términos operativos, tanto el progreso social como la predicción sociológica están determinados por la eficacia de los controles de la naturaleza y de los comportamientos sociales. El método que propone lo define como «positivo».

> La palabra «positivo» designa lo real, por oposición a lo quimérico…; en un segundo sentido…, el contraste de lo útil y lo ocioso. En tercer lugar…, califica la oposición entre certeza e indecisión… Una cuarta acepción… opone lo preciso a la divagación… Por fin…, se emplea la palabra positivo como lo contrario de negativo…, destinada… no a destruir, sino a organizar… El único carácter… todavía no indicado consiste en… la tendencia a sustituir lo absoluto por lo relativo (Comte 1893 [1844]: 44).

El desplazamiento del ser humano, como sujeto de la organización social y objeto de las ciencias

El «humanismo» a nivel de los valores y la «imaginación» a nivel de las aspiraciones son dinámicas que están muy presentes en los análisis de Comte. Es consciente de que el estudio de las sociedades tiene que tomar en cuenta estas dimensiones, pero pretende anular sus efectos desorganizadores. Reitera en sus escritos que pueden alterar el desarrollo de la sociedad conforme a un modelo predecible. Considera que la sociedad no puede permitirse tal indeterminación. El control de los cambios sociohistóricos para que prosiga el progreso es un objetivo necesario para controlar la naturaleza (véase el Modelo 6). Como quedó escrito, para Comte la justificación de la organización social está en instrumentar el esfuerzo humano para mantener ese control. Precisamente para canalizar los valores y las aspiraciones de la especie humana hacia ese objetivo colectivo, según Comte, se han desarrollado:

1.º La civilización, cuya culminación es la organización para la productividad.
2.º La ciencia, cuya cima está en la teoría del progreso social programado (la sociología).

Nótese que Freud describe las funciones represivas que cumple la cultura de forma similar.

Comte contrapone el método positivo al humanista. Considera al humanismo una teoría retroactiva de la acción social, porque propone orientar las reformas de la sociedad, partiendo de las transformaciones de las relaciones sociales. El siguiente texto merece una detenida lectura:

> El pensamiento [liberal] persuade al hombre de que, respecto a todo sistema de relaciones, es el centro del sistema natural, y, consecuentemente, que está dotado de un poder de acción ilimitado sobre los fenómenos… [en tanto que] el rasgo fundamental de las revoluciones [científicas] ha sido trasladar a la observación la preponderancia anteriormente ejercida por la imaginación… *el hombre ha sido desplazado del centro de la naturaleza para colocársele en el rango que ocupa efectivamente.* Al mismo tiempo *su acción ha sido encerrada en los límites reales…, reducida a modificar*

Modelo 6. Características que oponen el positivismo al humanismo, según Comte.

	Positivismo	//	Humanismo
Ajustes de las transformaciones sociales	Ajusta las relaciones sociales al funcionamiento del modelo de sociedad	//	Ajusta el funcionamiento del modelo de sociedad a las relaciones sociales
Incidencia en el desarrollo de la sociedad	Progresiva	//	Retroactiva
Fundamentos de los ajustes	Observación		Imaginación
Criterios de ajuste	Funcional. Modificación conforme al modelo existente de sociedad	//	Utópico. Modificación conforme a modelos ideales de sociedad
Resultados de las transformaciones sociales	Previsibles		Imprevisibles

Elaboración propia.

en medida variable un cierto número de fenómenos que está destinado a observar (Comte 1970 [1822]: 100-101; la cursiva es nuestra).

En «los sistemas de relaciones» Comte afirma que «el hombre» ya no ocupa el centro. La capacidad de acción humana se limita a la modificación de unos fenómenos determinados. Y contrapone en la sociología el recurso a la *«observación»* frente a la *«imaginación»*. La exclusión de la imaginación en el contexto de los escritos de Comte señala a las utopías sociales cuyo paradigma desde 1516 seguía siendo la *Utopía* de Thomas More. La imaginación utópica cumplía una función al tiempo prospectiva y orientadora del futuro deseable y por definición, se oponía al desarrollo del modelo de sociedad observable. Comte rechaza su «preponderancia» argumentando que si la «imaginación» interfiere en los procesos sociales desorganiza el desarrollo de la productividad; y cuando se introduce en los modelos del progreso desorganiza la previsión.

Comte piensa que la influencia de las personas en el desarrollo de la civilización además de limitada es impredecible. Cree haber encontrado otro objeto para la ciencia social más previsible que los sujetos: el *papel* que desempeñan en la organización y el funcionamiento de la sociedad. Este término popularizado por los funcionalistas estadounidenses fue propuesto por Comte. Cita a Mme. Staël y escribe que la teoría social ha tenido, hasta él, la tendencia a tomar los cómicos por los personajes:

> En los sucesos importantes solo se ven los hombres, y nunca las cosas que los llevan con una fuerza irresistible. En lugar de reconocer la influencia prepotente de la civilización, se consideran los esfuerzos de esos hombres como las causas verdaderas de los perfeccionamientos que se producen, y de todas maneras habrían ocurrido tarde o temprano, sin su intervención…; se toma a los cómicos por los personajes (Comte 1970 [1822]: 115).

Comte concibe que «la función de la filosofía positiva… es simplemente, ampliar la aplicación… del mismo principio de la división del trabajo [a la organización social] mediante la promoción y el refuerzo de diferencias de "estatus" y de roles cada vez más sutiles» (Comte 1972d [1830-1842]:

146). Es la forma en la que la filosofía positiva esclarece y orienta la reconstrucción de la unidad funcional, perdida a consecuencia de la inadecuación existente entre el sistema de producción y las relaciones productivas a saber: producir una especialización de las funciones sociales todavía mayor para asegurar que la organización de la sociedad se sigue basando en la división del trabajo: «El medio de detener la influencia deletérea…, a consecuencia de una especialización demasiado grande, consiste… en la propia división del trabajo perfeccionada» (*ibid.*: 145).

Comte cree que la organización de la sociedad positiva logrará *espontáneamente* el consenso entre sus miembros en la medida en la que estos se identifiquen con el rol (con la función) que deben desempeñar en ella. Considera que las mujeres tendrán más tendencia a utilizar los resortes de ajuste al rol que propone el positivismo, que no son otra cosa que técnicas de evasión de la realidad proporcionada por el sistema industrial para mantener el control y las divisiones sociales.

Los roles de las mujeres en las sociedades industriales

Comte analiza el papel de las mujeres desde el punto de vista de la división de las funciones productivas y reproductivas en la familia. Con la excepción de Fourier, los restantes ideólogos revolucionarios se habían ocupado muy poco de las funciones reservadas a las mujeres en la nueva sociedad. La emancipación de «el ciudadano» se refería en realidad a la liberación del ciudadano varón, en tanto que «las ciudadanas» seguían vinculadas al estatus de sus familias. No obstante, las críticas al matrimonio, a la servidumbre y a la explotación de la mano de obra femenina eran relativamente corrientes, no solo en Blanqui o en Marx, sino también en Rousseau, Voltaire, Saint-Simon y Proudhon. Comte escribe que, en la nueva sociedad, las mujeres son por su «papel» los *objetos* afectivos por excelencia. La descripción de Comte de la mujer «industrial» corresponde a los estereotipos del «glamour» que posteriormente serían difundidos en los folletines y después en los medios de comunicación de masas:

> Primero, como madre; a continuación, como hermana; luego, y, sobre todo, como esposa; y por fin, como hija; accesoriamente, como criada. Bajo cada uno de estos cuatro aspectos naturales, la mujer está destinada a preservar al hombre de la corrupción inherente a la existencia práctica y teórica. Su superioridad afectiva le confiere espontáneamente este oficio fundamental, que la economía social desenvuelve cada vez más, separando al sexo amante de toda solicitud perturbadora, activa o especulativa (Comte 1912 [1851-1854]: 203).

Comte en la medida que prevé la función de la mujer en la organización social industrial es consciente de que la nueva burguesía está obligada paradójicamente a conservar y a ensalzar el tipo anacrónico de familia que había heredado del feudalismo, aunque lo haga con la mira puesta en la productividad.

El análisis funcional de la funcionalización de la sociedad

La aplicación que hace Comte del concepto «función»

El término «función» se utilizaba en la época de Comte como indicativo de la dependencia de unos elementos respecto a otros, por ejemplo, entre los órganos del cuerpo[9]. los médicos y los naturalistas de su tiempo empleaban este concepto para liberar a sus ciencias de las causas finales. La innovación aportada por Comte radica en que «función» vuelve a indicar la ordenación de los elementos *respecto a un objetivo*. Comte ve claramente que solo tiene sentido referirse a las funciones del organismo si se ha indicado el fin al que se supone que están supeditadas. En el caso de la organización industrial de la sociedad, Comte explica su funcionalidad porque es un sistema que se orienta a la productividad.

La idea de función le llega a Comte por vía directa de Giambattista Vico. Este autor también había pretendido sentar las bases de «una ciencia nueva»: la revisión de la obra de Vico muestra que hay textos que se toman por originales de Comte que ya eran parte de la historia de las ideas. Es el caso de la teoría de los tres estados, que procede de Vico:

> Vamos a ocuparnos de este cuarto libro del curso que siguen las naciones, las cuales, con una constante uniformidad, pese a sus varias y diversas costumbres, siguen la división en tres edades que, según los egipcios, habrían recorrido el mundo: la de los dioses, la de los héroes y la de los hombres…; esta división está regida por un orden de causas y efectos constantes y nunca interrumpido en las naciones por tres especies de naturaleza; y de estas naturalezas salen

---

[9] El concepto de función es de raíz agustiniana y es finalista, porque relaciona los seres y las ideas con los designios divinos. Comte diría que es de procedencia «teológica». Su secularización hay que seguirla en la obra de Leibniz (recogiendo la herencia de los gramáticos de Port Royal). Bajo la influencia de Descartes, perdió su sentido de explicación finalista para convertirse en un mecanicismo. Comte volvió a relacionar función y finalización que es el criterio actualmente aceptado por las ciencias de los sistemas informados.

tres especies de costumbres; y de estas costumbres, tres especies de derechos naturales; y, como consecuencia…, tres
especies de estados civiles o repúblicas: y para que comuni-
quen entre sí, tres clases de lenguajes y otras tantas de caracteres, y para justificar las tres especies de jurisprudencias…
[que] tienen lugar a lo largo de tres series de tiempos que
abarcan todo el curso de las naciones (Vico 1956: 67-68).

Las correspondencias y diferencias entre la teoría de los
«los tres estados» de Vico y de Comte se muestran cotejan-
do el Tomo IV de *Principios de una ciencia nueva,* de Vico,
con el Tomo III del *Sistema de política positiva,* de Comte[10].

---

[10] Los siguientes textos de Vico podrían darse como comtianos:
    «Tres especies de naturaleza:
    La primera, práctica y creadora: fiera y cruel, temía a los mismos
dioses que había creado. Fundada en la creencia que tenía cada (na-
ción) en sus propios dioses.
    La segunda, heroica: el heroísmo y la natural nobleza.
    La tercera, humana: inteligente y, por tanto, modesta, buena y
razonable. Reconoce por leyes la conciencia, la razón y el deber»
(Vico 1956: 69-70).

    «Tres especies de gobiernos:
    Los primeros fueron divinos, llamados "teocráticos". Los hombres
creían que todas las cosas eran mandadas por los dioses; fue la edad
de los oráculos.
    Los segundos, heroicos y aristocráticos…, gobierno de los mejores
en sentido de los más fuertes…; todos los derechos civiles quedaban
dentro de las órdenes reinantes a los héroes, permitiéndose a los
plebeyos, considerados de origen bestial, solo el uso de la vida y de
la libertad natural.
    Los terceros son gobiernos humanos, en los que por la igualdad de
la naturaleza inteligente… todos se igualan con las leyes, pues todos
han nacido libres en sus ciudades… o en las monarquías en las que los
monarcas igualan con las leyes a todos sus súbditos» (*ibid.:* 75-76).

Ahora bien, Vico propone en su teoría una ley mecánica del retorno de los tiempos, los *«ricorsi»*. La idea de progresión, de que cada paso histórico introduce una nueva complejidad que al tiempo incluye y cancela las precedentes, está en Comte, pero no aparece en Vico[11].

Tampoco este último autor relaciona la finalidad hacia la que tienden las sociedades con sus «modos de organización social». La sociedad de Vico está dirigida por la providencia, pero no está programada.

Comte cree haber probado que la sociedad se ha diferenciado de la naturaleza, como un sistema funcional que persigue fines específicos. La sociología es el ámbito del pensamiento funcional, puesto que como tal se ha diferenciado de las ciencias de la naturaleza.

El progreso de la civilización es el resultado de especializaciones funcionales

Comte describe el proceso de funcionalización de las sociedades como consecuencia de cambios escalonados que progresivamente las especializan. La especialización origina disociaciones sucesivas de la actividad productiva y de los conocimientos, que están relacionados.

---

[11] Llama la atención la conclusión que obtiene Vico de su «ciencia» en tanto que deja constancia de su ortodoxia:

«De todo lo razonado en esta obra, hay que concluir, por último, que esta ciencia lleva consigo inseparablemente el estudio de la piedad, y que sin ser piadoso no se puede ser verdaderamente sabio» (Vico 1956: 206).

Vico concibe la estructura temporal de la historia «no como lineal, sino como contrapuntística. Ha de ser trazada a lo largo de un número de líneas de desarrollo» (Caponigri 1953: 250).

Las disociaciones de la actividad productiva se reflejan en la división del trabajo:

> Todos los progresos reales que han tenido lugar, o que podrán operarse en la organización social, tuvieron o tendrán por resultado final establecer una mejor distribución del trabajo (Comte 1968 [1816-1828]: 67)[12].

Las disociaciones de la actividad intelectual producen la especialización de las ciencias:

> El principio fundamental [del método científico] consiste en que el orden de generalidad de los diferentes grados de división [de los conocimientos] sea, en lo posible, conforme exactamente al [orden] de las relaciones existentes entre los fenómenos...; una división así no puede ser una invención (Comte 1970 [1822]: 130).

Según Comte, el trabajo y la ciencia cada vez más especializados son los indicadores del progreso de la civilización:

> Se puede realmente medir... el grado de civilización de un pueblo por el grado en el que se ha alcanzado la división entre teoría y práctica, combinado por el grado de armonía que existe entre ellas. Porque el gran medio de civilización es la separación de los trabajos y la combinación de los esfuerzos (Comte 1970 [1822]: 80-81).

Comte muestra el significado histórico de la funcionalización: maximizar la producción; y con la misma claridad

---

[12] El texto sigue así: «El orden social será evidentemente perfecto, tanto respecto al bienestar como a la armonía [mediante] una perfecta división del trabajo».

advierte sus costos enormes: minimizar la imaginación.
Comte defiende la productividad como *el objetivo* de la sociedad, porque entiende que tiene su origen, y su razón de
ser, en el esfuerzo por dominar la naturaleza, transformán-
dola, haciéndola cada vez más artificial[13]. Ha dado por sen-
tada esta disociación históricamente irreversible entre naturaleza y sociedad, de la que se siguen las demás. Comte está
convencido de que aumentar la productividad es irrenuncia-
ble; porque sin ella no habría sociedad. Por lo tanto, progreso y especialización son inseparables. Se sigue igualmente de
esta hipótesis que la disociación indefinida de las tareas y del
conocimiento son «leyes»[14] a las que se debe ajustar todo programa, y que la misión del científico social consiste en el control sobre toda acción que no sea funcional, para anularla.

La función y el empleo del método funcional de Comte

En Comte, el funcionalismo como método no puede ser
separado de la funcionalización de la sociedad como práctica económica de desarrollo y condición del progreso. Sus
análisis reiteran que cada progresivo avance funcional de la

---

[13] La organización social, artificial y represiva, se opone a la degradación
de la sociedad al estado natural, tentación permanente de nuestros instintos. Esta idea de Comte tiene ahora un fundamento en la ley de la
entropía. Un sistema organizado abandonado a sí mismo tiende a regresar a un estado aleatorio, menos complejo en la medida que un estado
«desordenado» es más probable que otro «organizado». El lector familia-
rizado con el estructuralismo de Lévi-Strauss reconocerá aquí el origen
de ideas aplicadas por dicho autor en el dominio de la antropología.
[14] Comte está aplicando categorías lógicas de Kant. «Ley» es un juicio
sintético *a priori:* tiene validez para el mundo observado y para el razonamiento, imponiéndose a ambos niveles, por su carácter de necesidad y de
existencia, a un mismo tiempo. Este punto de vista sobre la ley le llega a
Comte de *El espíritu de las leyes,* de Montesquieu, según aclara él mismo.

civilización anula los efectos del humanismo, de la imaginación y la creatividad; es decir, todas las acciones sociales opuestas al desarrollo por su carácter retroactivo.

Para Comte, renunciar a la disociación de la ciencia y a la funcionalización de la sociedad es «regresar al estado de naturaleza», es decir, confiar a la naturaleza la conservación de nuestra especie. En la obra de Comte, la burguesía industrial se deifica a sí misma. Como responsable de la sociedad, toma a su cargo el destino de la humanidad. Opone al ordenamiento de la naturaleza la organización productiva. Sustituye los fines naturales por sus propios objetivos. La consecuencia de esta arrogancia burguesa es que necesidades específicas de la naturaleza humana –los deseos y las aspiraciones– deben adaptarse a los fines del sistema social. El resto de la obra de Comte consiste en una terapia de control social al servicio de este objetivo.

Programación prospectiva de las instituciones

Desde que aparecieron las utopías, los reformadores sociales concibieron transformaciones sociales que son deseables y que aún no existen pero que existirán en el futuro. Son escenarios prospectivos porque para confirmar o desmentir esas predicciones había que esperar a que transcurriese el tiempo. Comte descalifica las visiones utópicas de las sociedades, pero su obra también es prospectiva. Describe cambios de las instituciones sociales que considera inevitables, aunque no siempre resulten deseables. Su propósito es adelantarse 70 años a las transformaciones sociales que está anticipando, como expone en este texto:

Para que el lector pueda apreciar mejor el punto de vista específico de este tratado, debo caracterizar aquí el artificio general que preside su redacción. Consiste en asumir que escribo en el año 1927; que debe, en mi opinión, constituir el septuagésimo tercio del estado normal, según la opinión establecida por mi trabajo principal sobre la naturaleza y el progreso de la transición final (Comte 1856: VIII).

Ha pasado el tiempo histórico requerido para que sea posible comprobar el acierto o el error de los escenarios que Comte describe. Esa dimensión prospectiva confiere a su obra el valor científico que tienen las previsiones que pueden ser sometidas a verificación. En este epígrafe se describen las transformaciones de las instituciones que Comte había previsto y se verifica, cuando ha sido posible, si esas readaptaciones han contribuido al establecimiento de las sociedades industriales gestionadas según el modo de producción capitalista. Y se comprueba si Comte previó algunas de las funciones que se les asignan a las instituciones.

Programación de la propiedad privada

Comte entiende que el desarrollo industrial ya ha llegado al punto en el que «de los antagonismos entre empresarios y obreros no puede esperar la sociedad un mayor perfeccionamiento; lo que animará a la participación, en tanto que pueda eludirse el enfrentamiento» (Comte 1972d [1830], vol. IV: 433). Esta cooperación lejos de transformar la estratificación de la sociedad industrial constituirá su refuerzo. No hay, por tanto, que confundir el significado del siguiente texto, uno de los más conocidos de Comte en el que se refiere a las dimensiones sociohistóricas que tiene la propiedad privada:

Mientras conozcan una expresión mejor de sus legítimos deseos [los proletarios] deben adherirse al comunis-

mo, como el único órgano que hoy puede plantear y sostener, con una energía irresistible, la «cuestión fundamental
[la «cuestión fundamental» hace referencia a la «cuestión
moral de la propiedad del capital»].

Sigue la cita:

> La viciosa definición… que atribuye a la propiedad
> una individualidad absoluta, como derecho de usar y abu-
> sar…, teoría antisocial debida a una reacción exagerada
> contra opresiones excepcionales, está tan desprovista de
> justicia como de realismo. Ninguna propiedad podría ha-
> ber sido creada, ni siquiera transmitida, por su solo posee-
> dor sin una cooperación pública indispensable… Nues-
> tros comunistas han refutado bien a los juristas en lo que
> toca a la naturaleza general de la propiedad (Comte 1907
> [1848]: 160-165).

El comunismo que contempla Comte no era el de Marx.
La cita anterior está escrita precisamente el año de la Revolución de 1848 y se refiere al concepto de «comunismo» de
la época, por aquel entonces conocido y teorizado por medio de Blanqui. Era un movimiento considerado por Marx
«utópico»[15] y por Comte «moral». Los comunistas utópicos
planteaban la lucha de clases entre «pobres» y «ricos»[16]. In-
fluidos por Proudhon (1840: 131), consideraban la propiedad privada de los instrumentos de producción como un
«robo» y no como un sistema de producción basado en las

---

[15] Cfr. *Les luttes de classes en France. Le 18 Brumaire de Louis Bonaparte.*
[16] «Ciertamente, señores [Magistrados], esta es la guerra entre pobres y
ricos; los ricos la han desencadenado, son los agresores, aunque ellos
encuentran mal que los pobres ofrezcan resistencia» (Blanqui 1971: 72).

leyes socioeconómicas que explican el mecanismo de la explotación. De Fourier, habían tomado el asociacionismo como solución al problema social. Comte acepta del comunismo utópico la idea de que el uso del capital tiene que ser «funcional». De acuerdo con este principio, prevé que la legislación individualista de la propiedad acabaría siendo removida en la sociedad industrial, lo cual es distinto de la defensa de la socialización de los medios de producción.

La función que asegurar en el sistema social industrial es, y será indefinidamente, la acumulación de capital. A Comte, el titular del capital le deja indiferente puesto que ninguna generación, ni persona, puede pretender haber creado el equipo capital que utiliza. Imagina que el comportamiento del depositario del capital será controlado por la moral positiva.

> Cada [titular de los medios de producción] debe ser juez natural de sus verdaderas necesidades pecuniarias. Si abusa de su arbitraje, el juicio público y la competición personal le harán pronto justicia…; como deben aspirar a la estima personal, no la alcanzarán los que destinen para su uso personal una parte demasiado grande del capital confiado por la humanidad. Pero la moral positiva debe [reconocer] que es indispensable para este oficio, la sobreexcitación de los instintos personales, [la cual] debe producir una mayor inclinación a los placeres dispendiosos. [La moral positiva] sabrá dignamente impedir que una vana moderación comprometa nunca la función [de esas inclinaciones] para mejorar el órgano (Comte 1912 [1851-1854], vol. II: 406).

Ni los capitalistas acumulan para ellos mismos ni los trabajadores se esfuerzan en su personal beneficio. Desde la perspectiva de la «humanidad» Comte unifica la contradicción entre ambas clases. Unos u otros son funcionarios al servicio de la perpetuación del desarrollo:

> En cuanto a la esencia misma [del trabajo] nunca comporta una verdadera recompensa, aparte de la satisfacción del servicio cumplido... No se puede poner en entredicho esta gratuidad del servicio humano en cuanto se aprecia en su conjunto la existencia de cada generación que siempre hereda, por delante de todo esfuerzo, el resultado acumulado de todos los anteriores trabajos. En proporción a este capital..., su propia participación... permanece... mínima... y se debilita con el transcurso del tiempo progresivamente (Comte 1912 [1851-1854], vol. II: 405-406).

Es pintoresco que Comte considere «la humanidad», desde su origen hasta el fin de los tiempos, como el verdadero capitalista. *El desarrollo del sistema industrial capitalista carece de sujeto.* Marx habría aceptado este análisis, añadiendo que se trata de un desarrollo enajenado (Marx 1968: 101). De hecho, esta idea «religiosa» de la gratuidad del trabajo contiene un concepto equivalente a la idea clave del marxismo: el análisis de la creación de la plusvalía. El trabajador recibe por su esfuerzo solo lo necesario para su reproducción[17].

> El principio fundamental de la teoría religiosa de los salarios... consiste en mirar siempre el servicio de la humanidad como esencialmente gratuito. El salario... solo puede pagar la parte material de cada oficio, separando el consumo que exige constantemente el órgano y, frecuentemente, la función (Comte 1912 [1851-1854], vol. II: 406).

---

[17] Por lo que respecta a Marx, cfr. 1964: 354 y ss.; 1965, vol. IV: 130 y ss.

La intervención del Estado en la planificación del desarrollo

El objetivo de Comte es que el estado intervenga en el desarrollo de la producción para organizarla. Un socialismo gerencial le parecía tan compatible con la sociedad de clases y tan progresivo para la productividad, como a un moderno empresario neocapitalista.

> Cada ciudadano, cualquiera que sea, representa en realidad un funcionario público, cuyas atribuciones... determinan tanto las obligaciones como las pretensiones.
>
> Este principio universal debe extenderse a la propiedad, en la que el positivismo ve, sobre todo, una función social indispensable, destinada a formar y administrar los capitales con los que cada generación prepara los trabajos de la que le sucede (Comte 1907 [1848]: 46).

La intervención gubernamental deja en Comte de ser vista como una barrera a la productividad: es un instrumento de coordinación al servicio de la planificación: «El poder civil solo puede ser un órgano de solidaridad, pero sin ninguna autoridad, ni sobre el pasado... ni sobre el porvenir...» (Comte 1907 [1848]: 314-315).

Comte observa que la progresiva especialización y los desajustes de la productividad van a conducir necesariamente a la burguesía industrial a servirse del Estado como instrumento de organización. La sociedad industrial se verá obligada a reforzar la autoridad del Estado[18]. Se invertirá el ideario de los primeros tiempos de la revolución burguesa que tendía a disolver el Estado en la sociedad:

---

[18] El estatismo de Comte tiene algunas semejanzas con el de Hegel de cuya obra tenía conocimiento.

Una continua tendencia al deterioro y la disolución [de las relaciones sociales a causa de la división del trabajo] terminaría por parar todo proceso, si incesantemente no fuera combatido por una acción cada vez más creciente del Gobierno…, sobre todo del espiritual…; lo que la sociedad gana en amplitud, lo pierde en energía…, deja de captar la relación de [cada] acción especial con el conjunto de la acción social (Comte 1968 [1816-1822]: 68).

La intervención del ejército en el mantenimiento del orden

Posteriormente, Comte comprende que el poder religioso carece de recursos para orientar las fuerzas económicas hacia un mesianismo basado en el bienestar. Comte obtiene la conclusión lógica: solamente los ejércitos pueden imponer una política de «desarrollo» frente a la política revolucionaria de las clases proletarias y la política miope de las elites del poder poco progresivas. El desarrollo industrial requiere del «orden público». En Comte, «orden» significa a la vez organización o regimentación para la productividad y calma social. Comte ha visto claramente que los ejércitos tenderían progresivamente a volverse hacia las cuestiones domésticas del país:

Debido a los graves disturbios a que es propenso el sistema social, el ejército tiene la tarea, cada vez más esencial, de participar activamente en el mantenimiento de la constancia del orden público.

Al desaparecer las guerras coloniales, se podrá ver que al ejército se le confiará, cada vez más, la «misión social» de ser una gran policía política (Comte en Marcuse 1970: 348).

Como consecuencia de estas intervenciones que asegurarían el «orden» universal, llegaría a establecerse en un plazo previsible, un Gobierno mundial que garantizaría la paz. La fe de Comte en que el progreso hacia la industrialización desembocaría en el pacifismo se basa en que el sistema industrial es integrador de mercados, procesos tecnológicos e intereses, y que el modelo industrial acabaría imponiéndose a los países no industrializados[19]. Comte no se percató de que el militarismo desembocaría en los nacionalismos, que traerían en vez del pacifismo el enfrentamiento armado entre las naciones.

---

[19] Comte fijaba la fecha del Gobierno mundial y el pacifismo para 1950, Sorokin se refería a esta idea funcional del progreso hacia el pacifismo por la industrialización, como «Teoría de la libertad creciente» (Sorokin 1969: 720).

3. La distopía del consenso social programado que funda la antropología cultural

Comte aplica la metodología positiva que ha diseñado para disociar la sociología de los deseos y de las aspiraciones de las personas. Y así ha cumplido con la primera función histórica que le atribuye a esta ciencia nueva, que consiste en proporcionar los conocimientos que en su tiempo se consideraban objetivos y científicos sobre la naturaleza y el funcionamiento de las sociedades. Según Comte tales conocimientos son previos y necesarios para que la sociología cumpla con la segunda función que históricamente le compete: diseñar las instituciones y proponer las acciones sociales que sean necesarias para consensuar las creencias y las prácticas que requiere la reforma de la sociedad.

Comte completa en la «Física Social» (en la sociología) la descripción de las características de la sociedad industrial y concluye que es la única forma de organización viable para la perpetuación de la humanidad. Al tiempo, examina cómo tendrán que reorganizarse la existencia de las personas y el funcionamiento de las instituciones para que sea posible vivir en este sistema, al que considera tan frustrante como inevitable. Su propuesta de reorganización social consiste en establecer su idea del consenso, cuya función es ajustar las relaciones sociales al modelo de orden que requiere el funcionamiento y desarrollo de la industrialización. Trabaja esa parte de su obra en los *Opusculus de Philosophie Sociale* publicados entre 1819 y 1820[1], y la reanuda en el *Système de politique positive ou Traité de sociologie, instituant la religion de l'humanité,* que se difunde entre 1851 y 1854. Es consciente de que abandona el terreno de la teoría por el de la terapia social. Son textos en los que las utopías que se concibieron durante el Renacimiento confiando en el uso social de las ciencias y de las técnicas, se sustituyen por distopías. Que son los costos que Comte considera inevitables para utilizar esos recursos que son imprescindibles para el progreso de la humanidad.

Comte plantea que para que las sociedades perduren y se desarrollen es condición ineludible la especialización de las actividades productivas. La consecuencia de esa especialización es la diferenciación de las funciones. Y esa diferenciación separa cada vez más las tareas que tienen que desempeñar los miembros de la sociedad, de sus aspiraciones y afectos. Por lo cual la organización disociada del sistema social se reproduce a escala de la existencia de las sucesivas generaciones. Cada individuo soporta durante su vida estas condiciones existenciales que son «el yugo del orden material y vital».

> Cada uno de nosotros, sin duda, sufre personalmente todas las fatalidades exteriores que no pueden afectar a la especie, sino afectando a los individuos. No obstante, su principal presión no se aplica personalmente más que de

---

[1] Los *Opusculus* que tienen pertinencia para el análisis de la obra de Comte que se ofrece en este libro aparecen en la bibliografía. Estos son los títulos ordenados por las fechas de publicación: *Séparation générale entre les opinions et les désirs* (1819); *Plan des travaux scientifiques nécessaires pour réorganiser la société* (1822); *Considérations philosophiques sur les sciences et les savants* (1825); *Considérations sur le pouvoir spirituel* (1826).

manera indirecta, por intermedio de la humanidad. Es, sobre todo, a través del orden social que cada hombre soporta el yugo del orden material y vital, por lo que la carga en el individuo se acrece con toda la influencia ejercida sobre el conjunto de sus contemporáneos, e incluso de sus predecesores (Comte 1912 [1851-1854], vol. II: 54).

El programa «positivo» de reformas sociales para vivir en la disociación

En una sociedad orientada hacia la productividad los efectos de estas disociaciones que frustran «los deseos individuales» son el desgarro y la represión, porque existe la certeza de que son condiciones de vida ineludibles.

La convicción de Comte es trágica: las condiciones no se cuestionan, sino que se asumen. Concibe un programa «positivo» de reformas sociales que contribuya a que las personas puedan vivir en la disociación, pero advierte de que ni su propuesta ni ninguna otra pueden terminar con la disociación entre las tareas y los afectos.

Adaptaciones necesarias para vivir en la disociación

Al individuo frustrado se le presentan dos alternativas para vivir en la disociación. Una opción patológica (esquizofrénica), si cae en el delirio donde puede unificar los deseos y las normas, cediendo el control de sí mismo a «los demonios irresistibles» que a la vez sostienen al yo y lo esciden; o la opción adaptativa, si sus hábitos mentales interiorizan esa forma disociada y cambiante de captar la realidad para preservar su equilibrio mental.

La adaptación supone la renuncia a la individualidad. Esa integración implica «el organicismo» que consiste en renunciar a la posesión de una identidad propia y permanente para anonadarse en el yo colectivo:

> Se puede juzgar cuánto nos quebranta toda enérgica convicción [a partir de su influencia alienante, incluso sobre los individuos sanos]...; no se puede huir jamás de ese castigo, si no es sintiéndose bastante apoyado por la marcha general de la humanidad (Comte 1912 [1851-1854], vol. II: 386).

La sociedad, a medida que se perfecciona funcionalmente, solamente puede ofrecer el organicismo para asumir la frustración. El sentido de la existencia solamente puede captarse «ligando a vida afectiva y la activa a su común destino». Ese destino común tiene como objetivo contribuir a la continuidad de la especie (en los términos de Comte «a la marcha de la humanidad»):

> El fin más difícil e importante de nuestra existencia intelectual consiste en transformar el cerebro humano en un espejo exacto del orden exterior. Es solamente así que aquella puede llegar a ser la fuente directa de nuestra unidad total, ligando la vida afectiva y activa a su común destino (Comte 1972d [1830 1842], vol. II: 382).

El organicismo de Comte supedita las funciones sociales y las opciones existenciales de «los hombres» que componen cada generación «a la marcha de la humanidad» (a la permanencia de la especie humana). La «humanidad» es el sujeto abstracto y colectivo de la historia. Ha configurado la sociedad que hemos heredado y configurará la sociedad que leguemos a nuestros sucesores.

Comte experimentó personalmente la disociación de la mente cuando enfermó probablemente de esquizofrenia. Acababa de describir el sentido disociativo que tiene la cultura a lo largo de la historia. Considera que durante el transcurso de su enfermedad mental se reprodujeron, en lo patológico, las etapas de la disociación que se suceden en la evolución humana. Y que esa correspondencia confirma la existencia de una ley universal que las regula:

> La preciosa observación sobre mi propia enfermedad mental de 1826 me hizo verificar doblemente mi (entonces) reciente descubrimiento sobre la principal ley de la evolución humana, cuyos pasos esenciales recorrí entonces… sin que su orden cambiara jamás (Comte 1972d [1830-1842], vol. III: 75-76).

Función de la irracionalidad en el mantenimiento del consenso social

El programa iluminista de la Revolución francesa esperaba instaurar «la fraternidad» aplicando «la razón» a las cuestiones sociales. Comte afirma que ese modo de ajuste no sirve en la sociedad industrial para conseguir el consenso de los ciudadanos. En la nueva sociedad, la afectividad será la que instrumente el consenso. La racionalidad estará en el programa productivo; la irracionalidad, en los motivos y los incentivos que muevan a la gran masa de la humanidad.

La «religión universal» en vez de la ciencia, tendrá a su cargo asegurar el consenso social cuando la adopte el «estado positivo»:

> El estado positivo debe ser separado en sus dos modos sucesivos: uno, científico; otro, filosófico; respectivamente, analítico y sintético. Solo al segundo le corresponde la calificación de definitivo. La ciencia propiamente dicha es

tan preliminar como la teología y la metafísica, y debe ser, finalmente, también eliminada por la religión universal (Carta de Comte a Andittrent el año de su muerte).

Desde la perspectiva de asegurar el consenso a escala del conjunto de la población, la ciencia es un factor tan imprescindible como preliminar.

Es imprescindible, porque hay que recurrir a la ciencia para que se comprenda que el consenso y la solidaridad son las formas racionales y deseables de organizar las relaciones sociales. Esa idea procede del iluminismo y le llega a Comte a través de Saint-Simon. Comte también asume del iluminismo que «la fraternidad» –un sentimiento que denomina «altruismo» («*Vivre pour autrui*», «vivir para los demás»)– es necesaria para que se establezcan esas relaciones sociales. Pero Comte no piensa que la ciencia promueva los comportamientos altruistas. La ciencia cumple la función de esclarecer que los impulsos egoístas predominan entre nuestros instintos naturales (que denomina «fuerzas afectivas») y que tienen que ser controlados. Y la ciencia demuestra que las sociedades están concebidas para que nuestros deseos se supediten al bien general (Comte 1912 [1851-1854], vol. I: 726). La concepción que tiene Comte de la ciencia se puede describir con categorías freudianas. Aporta la racionalidad que requiere «el principio de realidad» que contribuye a que se interiorice la represión de los impulsos primarios.

La ciencia es un factor preliminar desde el punto de vista de la cohesión social. Comte ya ha aclarado que ese vínculo es determinante del funcionamiento y del progreso de las sociedades y en última instancia de su permanencia. Y que la cohesión social requiere promover la solidaridad –o si se quiere, que las relaciones competitivas se sustituyan por otras altruistas–. Cuando la ciencia ha racionalizado los pensamientos cumple con la función ética de ser la base objetiva que requiere la moral para disciplinar los deseos. Pero esa disciplina es una tarea represiva y al tiempo confortadora que corresponde a la religión (Comte 1912 [1851-1854], vol. VI: 320 y ss.). Llegado ese momento, la religión es la instancia que puede movilizar los sentimientos subjetivos supeditando a ellos los razonamientos («Constitution de la religion, Raison et sentiment», en Comte 1854: cap. 1). Esa subordinación es necesaria para el establecimiento de «la religión de la humanidad».

> La religión final proclama como base necesaria del orden humano, la completa subordinación de cada hombre a la humanidad (Comte 1856: 31).

Escribe en la misma obra:

> Cumplida la creación de la sociología la extensión total del dogma positivo no suscitaba otras necesidades que una subordinación suficiente de la inteligencia a los sentimientos (*ibid.:* 274).

El paso que da Comte de la «Física Social» a «la religión positiva» cambia la perspectiva sociológica por la antropológica.

Funciones de la religión y de «el poder espiritual»

Comte utiliza el término «religión» en el sentido etimológico de «re-ligare» que ha resucitado Zubiri. La religión expresa el propósito de volver a unir lo que contiene la humanidad y lo que la contiene. Puede captarse la dimensión epistemológica de tal aspiración en el texto que sigue:

El contenido mismo de esta palabra [religión] resumi-
rá... esta teoría general, refiriéndola a dos relaciones sucesivas, de modo tal que se comprenda que la verdadera unidad consiste en ligar el contenido y religarlo al exterior. Tal
es el resultado final del gran dualismo positivo entre el organismo y el medio o, aún mejor, entre el hombre y el
mundo o, todavía más exactamente, entre la humanidad y
la tierra (Comte 1912 [1851-1854], vol. II: 18).

El lenguaje religioso del que disponía Comte puede ser
expresado con términos que utilizan actualmente las Ciencias Sociales y Físicas. En las páginas que siguen se muestra esa correspondencia, cuando el análisis de contenido
de las hipótesis y de las previsiones sociohistóricas de
Comte muestra que están incorporadas y en su caso verificadas.

En los Tomos II y III del *Sistema de Política Positiva* Comte, recorre los «pasos» que separan al «estado fetichista» de
las religiones de «el estado positivo». Es un análisis funcio-
nalista de las transformaciones de las representaciones reli-
giosas en relación con los cambios sociohistóricos que sigue
manteniendo su actualidad[2].

---

[2] Análisis funcionales de la religión que desarrolla Comte, en los tomos
II y III del *Sistema de Política Positiva* (selección):
   Del fetichismo: En la conservación de la naturaleza (II: 103). En la
      constitución de la familia y el poder sacerdotal (III: 109). Del
      origen de la ciudad (III: 111). De los efectos de la vida sedentaria
      sobre el culto (II: 112).
   Del politeísmo: En la voluntad de transformar la naturaleza (III: 164).
      Función socializadora de la guerra (III: 185). Del origen de la
      Iglesia y su función retroactiva (III: 204).
      - Teocracia: Las castas en la división del trabajo (III: 205). El ocio
      en la ciencia (III: 214). El tabú en la propiedad territorial (III:
      240).

Sobre la función de la religión
en la acumulación primitiva de capitales

> [Han concurrido a la formación de capitales]… el
> don, el cambio, la herencia, la conquista. [El cambio y la
> herencia] son los únicos que han llegado a ser usuales entre
> las poblaciones modernas, como mejor adaptados a la
> existencia industrial. Pero [el don y la conquista] han con-
> currido… a la formación inicial de los grandes capitales.
> Aunque el último [la conquista] deberá caer en desuso, no
> ocurrirá lo mismo con el primero. [El don]… entre los
> politeístas de Oceanía, muchas poblaciones nos ofrecen
> aún admirables ejemplos del poder real que implica tal
> institución [del don], la más antigua y noble de todas las
> formas propias de la transmisión material (Comte 1912
> [1851-1854], vol. II: 155-156).

Georges Gurvitch (1959: 47) escribe que, con la reserva
de distinguir entre magia y religión, como origen, respectivamente, de la propiedad mueble e inmueble, las ideas de
Comte sobre la función de la religión en la acumulación
primitiva han sido repetidamente verificadas. Y es manifies-

- Politeísmo intelectual (los griegos): significado del mito de Pro-
  meteo (III: 270). Del heliocentrismo (III: 299). De los sofistas
  (III: 343).
- Politeísmo social (Roma): De las corporaciones (III: 374). Del
  apellido (III: 361).
Del monoteísmo (del ascetismo): En la productividad (III: 454). En el
  desarrollo normativo (III: 456). En la liberación cívica y de los
  hábitos (III: 464).
Del escalón metafísico: En la crítica (III: 501). En la represión afectiva
  (III, 514). En la disciplina productiva (III: 551). En la disociación
  social (III: 551). En las dictaduras (III: 582).

to que Marcel Mauss (1968: 266) ha tomado en cuenta el análisis del don de Comte.

Sobre el paso de la ascética teológica a la racionalidad industrial

El «sistema de política positiva» parece la fuente de análisis funcionales de la religión que hemos recuperado a través de William Graham Sumner y Ludwig Gumplowicz. Y lo que tiene aún más interés, Comte proporciona una explicación de las relaciones entre el desarrollo del capitalismo y de la religiosidad que se adelanta a la que más tarde sugería Max Weber (1969: 39 y ss.). Comte considera que la burguesía había transformado la ascética en racionalidad. Las aspiraciones reformistas de perfección se desviaron hacia nuevas formas de organización productiva. Véase a este propósito (en Comte 1912 [1851-1854], vol. III): «La descripción de los tipos humanos ideales» (*ibid.:* 459); «Función del ascetismo y del libre examen en la represión afectiva» (*ibid.:* 514); «La organización y la disciplina productiva» (*ibid.:* 454, 475, 551).

Sin embargo, Comte hubiera discutido el concepto weberiano de un «espíritu del capitalismo». Weber cree que el «espíritu capitalista» no es meramente un caso especial de la evolución del racionalismo. Se explica, además, por una particular posición ante los últimos problemas de la vida (Weber 1969: 79). El tipo ideal de capitalista propuesto por Weber describiría en el análisis de Comte a un jacobino, y el tipo de capitalista descrito por Comte corresponde en Weber a un burócrata (1969: 209).

Sobre la secularización de la religiosidad por la «religión positiva»

Comte funda la «religión positiva» que se propone constituir como «religión universal» en todos sus aspectos: en su difusión porque es un poder espiritual que no está limitado por las fronteras políticas. Y que también sea «universal» en sus dogmas, así como en la moral y en su práctica ritual, que se secularizan. Estas características harán de ella «la religión de la humanidad» y, de nuevo, la institución más importante de unificación de las sociedades.

Comte vuelve los ojos hacia la Iglesia católica («iglesia universal» por definición) que supo imponer desde el Medioevo en un conjunto de naciones, unos fines «no materiales» al poder temporal, y a las comunidades un «dogmatismo» que somete «el [libre] examen a la tradición» (Comte 1912 [1851-1854]: 31). Pero el poder espiritual de la religión católica se fundamenta en principios teológicos que han declinado desde que la «religión positiva» fundamenta ese poder en principios científicos. Es cuando la religión también va a formar parte de la «regeneración teórica».

Aunque las religiones que se profesan sean diferentes según las culturas y la época, Comte asegura que la religiosidad es un sentimiento universal. La «religión positiva» asume la religiosidad y concibe que es una de las funciones internas que resultan de los impulsos del «corazón». Tales impulsos promueven sentimientos que tienen fundamentos biológicos. Ese origen se descubre cuando se lleva a cabo un análisis sistemático del «alma» (Comte 1912 [1851-1854], vol. I: cap. 1). Además de sustentar la religiosidad, tales impulsos pueden promover el altruismo. Por lo tanto «el impulso del corazón es la fuente normal de toda regeneración teórica» (Comte 1856: XVI).

Comte ha introducido dos criterios que se anticipan a posteriores desarrollos de la antropología. El primero, cuando analiza los orígenes del altruismo, un planteamiento que recientemente se ha incorporada a la paleontología del comportamiento. Y, el segundo, cuando describe las funciones identitarias de la religión, recuperado desde la aparición de la antropología cultural.

Comte afirma que el altruismo tiene bases biológicas. Es una hipótesis correcta. Recientemente las ciencias evolutivas están tomando en cuenta las afinidades, disposiciones emocionales que, según he mostrado, hemos heredado de nuestros ancestros prehumanos, que nos impulsan a desarrollar comportamientos solidarios con otros miembros de la comunidad basados en el afecto (Martín Serrano 2007: cap. 22). Esos vínculos son determinantes de la reproducción biológica y de las actividades cooperativas y son tan fuertes que, llegado el caso, llevan incluso al sacrificio de la vida. Las afinidades humanas están configuradas culturalmente e incluyen entre los afines a quienes en cada comunidad se considere que son «los nuestros» o «como nosotros» y excluyen a quienes se considere que no lo son. Tales discriminaciones son la manifestación de una dimensión de la personalidad muy utilizada por los psicólogos sociales: «*etnocentrismo* frente a *exocentrismo*». Pero cuales sean los grupos y personas concretas a quienes se catalogue de una u otra manera depende de los valores identitarios (Martín Serrano 2007). En los términos de Comte esa configuración social de una pulsión es el rasgo que identifica al «altruismo» entre los impulsos naturales. Las religiones contribuyen decisivamente a pautar las identidades, y por ello contribuyen a esos comportamientos altruistas al tiempo abnegados y etnocéntricos, además de cumplir otras funciones en la reproducción social que se mencionan seguidamente.

Comte concibe los sentimientos religiosos como impulsos primordiales que son inseparables de la evolución de la humanidad y de las concepciones que se tienen de nuestra naturaleza en las diversas atapas culturales. Lévi-Strauss como Comte reivindica el valor que tiene el sentimiento religioso en la historia de la humanidad:

> Si el estructuralismo no anuncia una reconciliación de la ciencia con la fe… se encuentra en condiciones de explicar y revalidar el lugar que el sentimiento religioso ha tenido y tiene todavía en la historia de la humanidad: intuición confusa de que el corte entre mundo y espíritu, causalidad y finalidad, corresponde no a la realidad de las cosas, sino a un límite hacia el que tiende un conocimiento cuyos medios intelectuales y espirituales no estará nunca a la medida y la esencia de sus objetos (Lévi-Strauss 1971: 615).

Comte asigna a la «religión positiva» la función de reconstruir la unidad perdida entre la naturaleza y la sociedad, disociadas por el proceso productivo. La función que atribuye Lévi-Strauss recupera ese planteamiento, que él mismo considera distintivo de la «antropología estructural»:

> El estructuralismo reintegra al hombre en la naturaleza; si permite hacer abstracción del sujeto…, es resueltamente teológico. Después de una larga proscripción por un pensamiento científico todavía imbuido de mecanismo y empirismo, es quien ha devuelto su lugar a la finalidad y la ha hecho nuevamente respetable (*ibid.:* 614-615).

La secularización de los dogmas

Los dogmas de la «religión positiva» (su «doctrina», en la terminología de Comte) prescinden de la divinidad trascendente; o, lo que es más exacto, le asignan esa naturaleza trascendental a «la humanidad» que integra a todas las generaciones que se han sucedido y las que habrán de suceder. Entidad que denomina «Gran Ser» (Comte 1852: Introduction). El santoral cristiano es sustituido en el calendario positivista por la rememoración honorífica de personas que han contribuido al progreso humano. Más tarde, Émile Durkheim completará esta secularización cuando escribe que la divinidad es la representación mítica y etnocéntrica de la sociedad (Durkheim 1968 [1816-1822]). La representación secularizada del taumaturgo que realizan Comte y Durkheim era necesaria para entender sus funciones identitarias. En un epígrafe posterior (Raison 1970: 105) se mostrará que tienen consecuencias sociológicas diferentes que se divinice a la humanidad en general (Comte) o a cada sociedad en particular (Durkheim).

«La religión de la humanidad» prescinde de las entidades sobrenaturales, pero mantiene la trascendencia de la doctrina. Promueve «la fe» en «el progreso humano» una idea que es trascendente en el sentido de que siempre está más allá y que por lo tanto es «religiosa».

La secularización de la moral

La moral de «la religión universal» («la disciplina», en la denominación de Comte) tiene el propósito de restaurar el orden espiritual y social que a juicio de Comte se había perdido en la precedente etapa revolucionaria. «La disciplina del positivismo» promulgará «dogmas generales» que dirijan a las clases y a los individuos, estableciendo la posición que corresponde a cada cual en la organización social. Ese adoctrinamiento se iniciará en la educación y se mantendrá por la acción del «poder espiritual»:

Los individuos y las clases tienen que ser dirigidos por dogmas generales, iniciados en la educación social y reproducidos por el poder espiritual en la vida real. La necesidad de adoctrinamiento crece… al ser la clasificación de los individuos infinitamente más móvil… cuando las condiciones [de vida] tienden a distribuirse conforme a las aptitudes individuales… La acción del poder espiritual se hace entonces cada vez más indispensable para establecer… una clasificación social conforme al espíritu del sistema (Comte 1833 [1819-1828]: 283-284).

La secularización de la práctica ritual

Comte concede la mayor importancia a los rituales del culto que él denomina «la adoración». Ha comprendido que la participación en los rituales religiosos genera vínculos emocionales entre los participantes (en sus términos, «amor»), que refuerza la fe en los dogmas compartidos y moviliza «los sentimientos» que llevan a la interiorización (Comte 1891 [1852]: parte I).

Las prácticas del culto que inventa Comte son simbólicas y tan teatrales como las de cualquier otra religión. Recurren al ritmo de la palabra y a las connotaciones de las imágenes. Comte escribe que existe a nivel cognitivo («del pensamiento») una armonía entre los signos y las imágenes, cuya combinación refuerza «la eficacia mental de los sentimientos», tal como se manifiesta en la poesía y en la moral. Este análisis que hace Comte de la formación de representaciones que proceden al tiempo de ambas formas de expresión, como sucede en la comunicación audiovisual, se adelanta a los estudios que han demostrado que, por lo general tiene más capacidad de movilizar los sentimientos que la comunicación oral y que esa es la razón por la que es más influyente:

> Las imágenes y los símbolos [en el dominio humano] están conformadas en el pensamiento sin diferir ni por su origen ni por su fin… a la poesía a nivel de lo concreto y la moral en el abstracto debe de pertenecer la verdadera manifestación… de la armonía lógica entre los signos y las imágenes… sin la poesía y el culto los sabios habrían puesto en duda el valor lógico de las imágenes y la eficacia mental de los sentimientos atribuyendo a los símbolos una preponderancia empírica (Comte 1856: 734 -735).

El lema que suele encabezar los escritos de la religión positiva es «Amor como principio y orden como base; como meta el Progreso» *(«L'amour pour principe et l'ordre pour base; le progrès pour but»).* Este es el programa cuya aplicación estará encomendada a los «sacerdotes del positivismo» quienes serán los titulares de «el poder espiritual».

«El poder espiritual» de los «sacerdotes del positivismo»

Los «sacerdotes del positivismo substituirán al clero eclesiástico y dictarán las normas sociales que garanticen el interés ético general. Comte suponía que la complejidad de «las cuestiones espirituales» en las sociedades industrializadas requería que el nuevo sacerdocio asumiese las funciones de los «publicistas» un término con el que la Ilustración identificaba a quienes esclarecían (en sus términos, «iluminaban») las causas de la infelicidad y de la sumisión, difundiendo entre «los públicos» «las luces» de la educación y de la información. Ciertamente «los sacerdotes del positivismo» llevarían a cabo esas funciones socializadoras con el propósito contrario: controlar «las opiniones» de los públicos para que las separasen de «los deseos» (Comte 1972a [1819]). En escritos posteriores pensó que esa función espiritual requería formación científica enciclopédica para coordinar los conocimientos (Comte 1891 [1852]: 77). Finalmente considera que «el sacerdocio positivo siempre [está] inclinado a subordinar su oficio intelectual [su carácter enciclopédico] a su propósito social» (Comte 1856: 371). Ese propósito consiste en «regular el conjunto de la vida humana» estableciendo el altruismo y teniendo a la humanidad como referencia (Comte 1856: VII).

Para que el control de las opiniones y de los deseos tenga un carácter altruista, Comte llega a la conclusión de que quienes asuman el «poder espiritual» tienen que diferenciarse y separarse de quienes participen del «poder temporal».

> Estas aproximaciones conducen a reconocer la independencia del sacerdote, sea como consejero, consagrador y regulador de las autoridades prácticas, sea como principal órgano de la solidaridad universal… y, sobre todo, de la continuidad humana…; toda dirección práctica le resultaría doblemente funesta…, preocupándole por los detalles… o corrompiendo su corazón por el hábito de emplear la fuerza en vez de la razón y el amor…; bajo el empuje del positivismo… disipará toda aspiración real de los teóricos [sacerdotes] al poder temporal (Comte 1912 [1851-1854], vol. I: 320-321).

Comte afirma que el poder temporal es necesario para que pueda existir un poder espiritual, pero este último modera las actuaciones del primero. Considera que estos sistemas sociales tienen asegurada la productividad, solamente si existen al lado de líderes industriales capacitados para llevar adelante los programas técnicos, otros líderes religiosos, equiparados a los primeros en poder, capaces de integrar afectivamente a los trabajadores. En términos de la psicología social, Comte diferencia en las sociedades industriales las funciones orientadas a «las tareas» de las orientadas a «los afectos». Las investigaciones sobre la organización de los grupos en situaciones productivas han proporcionado, según afirman los sociómetras, la confirmación experimental de este doble liderazgo:

> ¿Por qué los grupos tienen tendencia a tener dos líderes complementarios, un especialista de la tarea y un especialista de los problemas socioafectivos?; el «hombre de las ideas», centrado sobre la actividad y desempeñando un papel más agresivo, mientras que «el hombre más amado» se concentra en los problemas socioafectivos, distribuyendo recompensas y desempeñando un papel más pasivo...; [en las actividades] hay una correlación negativa entre ideas, por un lado, y la simpatía que se inspira, por otro. ¿Será exacto que los líderes deberán elegir entre la eficacia y la popularidad? (Bales 1958: 437-447).

4. La obra de Comte en la configuración de las Ciencias Sociales

Comte es un reformador social que considera, como sus antecesores iluministas del siglo XVIII, que el conocimiento y la ciencia aplicadas a las actividades productivas y a las relaciones sociales son los recursos que hay que utilizar tanto para el progreso económico como para resolver los conflictos. Tal vez sea el más universalista de los teóricos de las transformaciones sociales en un tiempo en el que ese universalismo era la pauta de los programas de reconstrucción de las sociedades. Comte abarca y relaciona las transformaciones de las sociedades y de su medio natural, el cambio de las instituciones y de los comportamientos sociales; de las representaciones sociales y de los valores privados. Tiene el convencimiento de que cada uno de estos niveles afecta y se ven afectados por otros. En términos actuales está exponiendo que esos sistemas están integrados en un macrosistema. Comte se embarca en la aventura epistemológica de sistematizar las ciencias de forma tal que reflejen tales interdependencias. Asume que esa correspondencia es posible porque existe un orden que opera tanto en el funcionamiento del mundo como en el de la mente. Cree que ese orden sigue unos determinados pasos, al tiempo histórico y científicos. En consecuencia, cabe valorar cuál es el estado al que han llegado las sociedades y prever sus siguientes transformaciones. Y otro tanto cabe hacer con las ciencias, elaborando la ciencia final que integre las aportaciones de las que le han precedido. Esa ciencia unitaria es la «sociología». Como los contenidos de la sociología reflejan esa correspondencia entre los cambios históricos y científicos, Comte concibe que será aplicable para que esos cambios sociohistóricos puedan ser programados. La sociología homogeniza las relaciones sistemáticas, que existen entre pensamiento y la acción práctica. Esa correspondencia transforma todo conflicto objetivo en una distinción teórica[1].

Comte anticipa que los programas para las transformaciones sociales solo son científicos cuando se descentran, es decir, cuando reconocen que el funcionamiento del mundo en general y de las sociedades en particular no se explica en función de los deseos. Es una idea epistemológicamente válida que aplica utilizando los conocimientos que en su tiempo se consideraban objetivos. Los cuales se restringían a los fenómenos que podían ser observados por nuestros sentidos. Se comprende que este error haya impedido que el positivismo tomase en cuenta fenómenos que se desarrollan a escala infra o supra sensorial entre ellos los biológicos y cognitivos que toma en cuenta en sus escritos.

La autoexigencia científica de Comte determina que aplique en sus análisis el método positivo, que caracteriza como objetivo tal como lo describe en este texto que contiene varias claves de su sociología:

---

[1] Comte llama a este proceso reductivo «método de la homogeneización». Sorokin considera herederos del método de homogeneización a los teóricos de *El adelanto y retraso dicotómico uniforme* (Sorokin 1969: 1058).

La filosofía positiva, que excluye… el absolutismo [designa a los «dogmatismos» de la moral y a las utopías] y que está por su naturaleza estrictamente atada a la conciencia frecuentemente penosa de *comprenderlo todo para coordinarlo todo…,* debe reconocer que la invariabilidad de las leyes naturales es, para el espíritu humano, el laborioso resultado de una adquisición lenta y gradual, tanto para la especie como para el individuo (Comte 1972d [1830-1942], vol. V: 35; la cursiva es nuestra).

Fijémonos en el alcance de la frase que he destacado: «comprenderlo todo para coordinarlo todo». Es decir, *disociar la realidad para que resulte programable.* La metodología que considera científica requiere la separación de los fines y los medios; de los intereses y los sentimientos, de los cambios sociales y la división social, resultantes de la disociación de la sociedad con respecto a la naturaleza. Separaciones de las que derivan teorías y prácticas sociales distópicas y deshumanizadas.

El detenido recorrido sociohistórico y científico que realiza Comte obedece en última instancia a un designio prometeico: controlar la naturaleza –la naturaleza física y la humana– para evitar las desviaciones de una y de otra respecto a las leyes que las regulan. Esas desviaciones ponen en peligro la perpetuación y el desarrollo de nuestra especie (de la humanidad). Las generaciones concretas que existen en cada tiempo, las que existieron o existirán, son responsables de esa continuidad.

De hecho, Comte advierte que son limitadas las transformaciones viables de los sistemas que pueden verse afectados por la intervención humana. Considera que los cambios de esos sistemas que denomina «organismos» están determinados precisamente por su organización. Y esta es, a mi juicio, una de las observaciones más acertadas de Comte. El método que propone para prever los cambios que son posibles en los organismos (que son los sistemas autorregulados) es el mismo que en su momento desarrolla la cibernética. Comte está en lo cierto cuando considera que es el método de control de los cambios aplicable a todos los sistemas autorregulados, sean físicos sociales o cognitivos. Pero Comte transfiere esa equivalencia metodológica a la naturaleza de los sistemas. Esa transgresión es vista de esta forma por Adorno:

> Desde Comte, el positivismo ha cultivado, a modo de sustitutivo de un sistema idealista, la noción que ha de datarse, con Leibniz, de una ciencia unitaria, posibilitada para la unidad del método por encima de todas las divergencias de los objetos. La descomposición del mundo... debía recomponerse por el propio causante de aquella escisión, la ciencia misma; su organización... sustituiría a la totalidad, a la bóveda espiritual del cosmos, de cuya irrevocable ruina proceden los objetos como hechos; de aquí sale el intento de atribuir luego al material, como si constituyera su estructura, los esquemas de ordenación, que únicamente se debían a la clasificación del mismo, al que se imaginaba inestructurado; lo que se acoge con una sonrisa en el sistema de Linneo, permanece incontrovertido en la sociología (Adorno 1966: 304).

En todo caso cabe tomar en cuenta que existe el riesgo de llevar a término una transgresión equivalente, a partir del momento en el que la informática ha hecho posible programar transformaciones del medio, de las organizaciones, de los comportamientos sociales, de las representaciones, que tal como advertía Comte suelen ser interdependientes, tanto si esa vinculación se produce intencionada como inadvertidamente.

Comte atribuye a la sociología la función de planificar y dirigir ajustes funcionales que son aquellos que se requieren para que los cambios progresen de acuerdo con las leyes sociohistóricas. El funcionalismo de Comte fundamentalmente implica dos técnicas de ajuste social que han operado desde entonces: supeditar las condiciones de vida concretas a las necesidades que considera históricamente ineludibles para el progreso de una entidad colectiva y abstracta que denomina «la humanidad», e identificar la ideología de las sociedades industriales con «el bien común». Concretamente son actuaciones destinadas a que las personas vivan en la disociación y la funcionalización, que derivan de la división del trabajo que es característica de la sociedad industrial, sin revelarse contra el sistema. Describe Comte que para afrontar la escisión entre los requerimientos del sistema y de las personas, el carácter de sus miembros tendrá que ajustarse en el sentido del conformismo; los obreros perder su conciencia de clase; que las mujeres se centraran en la reproducción biológica y social; las relaciones personales, las ideas y las situaciones deberán teñirse de una afectividad que las nuble; el Estado, asumir una función principalmente orientada a corregir el desajuste económico; el ejército, dedicarse a una labor policíaca. Las sociologías que han conservado la herencia humanista que procede de la Ilustración cuestionan con toda razón que esta sea la única sociedad posible. Pero se constata que, en la medida en que las formaciones sociales se han reajustado en función de la productividad, las instituciones de control social han hecho lo posible, aunque no fuesen conscientes de ello, por aplicar el programa que propone Comte.

Para Comte no hay otro futuro posible que la sociedad programada para la productividad. Reitera que la sociedad industrial, para consolidarse, tendrá que promover entre sus

miembros la conformidad, en vez de la iniciativa. Es el procedimiento cuya aplicación ha comprobado Reisman, como
explicación del control social en «las sociedades dirigidas
por los otros». Comte termina con el mito del valor de la
libertad personal en el proceso de construcción de la sociedad capitalista, al que todavía recurrían los ideólogos burgueses, dejando claro que las iniciativas individuales que
transciendan el perfeccionamiento de los procesos produc-
tivos son contrarios a los intereses de la clase ascendente.
Continuando con el análisis de Adorno.

> Tanto en Hegel como en Comte no entra en el campo
> de su visión el que la sociedad que se esté escindiendo pue-
> da ser conducida, en virtud de su propia dinámica, a una
> forma más digna de los seres humanos: ambos quieren
> conservarla en sus instituciones existentes..., con lo cual
> expresa desembozadamente la agonía de una burguesía
> que un par de decenios antes era revolucionaria (Adorno
> 1966: 305).

La transformación histórica que propone Comte se basa
en la planificación del control social, propuesta aplicable,
plenamente consciente de los medios, los fines y los resultados. En los textos de la «Religión positiva» cuando se
hace abstracción de su pretensión catequística, existe una
antropología cultural alienante, que se ha diseñado para
controlar e instrumentar el trabajo y la existencia de las
personas. *Es la distopía que al tiempo inaugura la sociología
aplicada al ajuste y arruina al humanismo.* La «humanidad», que es un referente adecuado desde la perspectiva de
la evolución, para su supervivencia devora, como Cronos,
a sus hijos. En el sistema prometeico de Comte las personas
son los instrumentos y no los destinatarios del progreso.

Ha desaparecido ya del horizonte ideológico el propósito de la burguesía liberal revolucionaria que identificaba el progreso social con la autorrealización. La deshumanización es históricamente tan inevitable como el progreso. El nuevo modelo de ciudadano que reclama una burguesía industrial, cuando está segura de que va a dominar el aparato del Estado, debe trabajar para la reproducción de las instituciones.

La distopía comtiana pone en entredicho la creencia de que los cambios sociales deseables son posibles. Los efectos que ha tenido en la historia de las ideas se pueden valorar si se compara con las utopías que anteriormente imaginaron More o Campanella. Comte describe las características del «buen hombre industrial» desde la perspectiva de su adaptabilidad a la sociedad industrializada de la misma forma que el «buen salvaje», de Rousseau, resulta un arquetipo adaptado a la sociedad agraria burguesa. Pero con independencia de esas comparaciones, la distopía de Comte contiene una estructura de ideas y relaciones, llena de interés para comprender muchos rasgos que están en el origen de las sociologías que ha acompañado al desarrollo de la sociedad industrial sin tomar en cuenta ni los fundamentos ni los posibles desarrollos de ese modelo de sociedad.

La aplicación del positivismo a la planificación de la sociedad implica costos muy elevados para el bienestar y la felicidad de las personas que el mismo Comte se encarga de señalar. Vivir en una sociedad industrial produce angustia y compulsión. Como considera irremediables esos costos individuales para mantener la cohesión colectiva Comte hace terapia social recurriendo a la eficacia de la religión para promover la conformidad con el orden establecido y excluye las revoluciones políticas. Tales costos y esa estrategia de control social ya se criticaron en su época. J. Stuart Mill, que le sostuvo económicamente en sus años más difíciles[2] y publicó seis artículos del «Curso» en Inglaterra, escribe:

> Algunos de estos reformadores, que se han colocado en la más irreductible oposición a las religiones del pasado, no se han quedado atrás, ni de las iglesias ni de las sectas, al afirmar el derecho de dominación espiritual…, especialmente A. Comte, en cuyo sistema social, tal como se expone en su *Traité de Politique Positive,* se tiende [aunque más bien por medios morales que legales] a un despotismo de la sociedad sobre el individuo, que supera todo lo que puede contemplarse en los ideales políticos de los más rígidos ordenancistas (Stuart Mill 1970: 70).

El mismo autor muestra que quien marcaría los auténticos objetivos sociales en una sociedad planificada sería la burocracia y no una corporación especializada de idealistas:

> Si todo lo que en una sociedad exige una organización concentrada… estuviera en manos del Gobierno…, toda la cultura y la inteligencia aplicadas en el país… estaría concentrada en una numerosa burocracia, de la cual tan solo dependería para todas las cosas el resto de la comunidad…; ninguna reforma tendría lugar que sea contraria a los intereses de la burocracia (Stuart Mill 1970: 201).

Comte considera con razón que el funcionamiento de los sistemas sociales es tanto más predecible cuanto más constreñidos estén. Antepone la predicción a la diversidad

---

[2] «Todo pensamiento de desventura material real le está prohibida en tanto que yo viva y tenga una moneda que repartir con usted» (carta de Stuart Mill a Comte, en 1968: 8).

concibiendo una realidad social cada vez más organizada dirigida por el poder espiritual. La condición de una sociología predictiva es una sociedad sin capacidad creativa, formada por individuos sumisos a los dictados de sus dirigentes quienes no pueden proporcionarle la felicidad, pero, según cree, sí la seguridad. Propone que la autonomía personal sea voluntariamente sacrificada a los designios establecidos por el poder, mediante la obediencia a dirigentes revestidos de atributos carismáticos:

> Qué dulce es obedecer cuando se disfruta de la felicidad… de estar convenientemente eximidos de la urgente responsabilidad de la dirección general de nuestra conducta por sabios y valiosos dirigentes (Comte 1972d [1830-1842], vol. IV: 439).

El vínculo de los ciudadanos con los sacerdotes del positivismo describe el modelo autoritario de integración social que se llevaría a la práctica por el fascismo, como ha visto Marcuse:

> La felicidad como refugio en unos brazos poderosos –actitud característica hoy de las sociedades fascistas– va aparejada con el ideal positivista de la certidumbre. La sumisión a una actividad todopoderosa proporciona el grado más alto de seguridad (Marcuse 1970: 341).

Como cabía esperar se interpretó que Comte veía la sociedad escindida y la ciencia obligada a disociar todo para comprender todo, a causa de su personalidad esquizofrénica. A mi juicio, la cuestión pertinente es otra. Comte ofrece su *modo de enfermar* como una réplica del modo de organizarse la sociedad en su época y así relaciona la evolución de la personalidad y de la cultura como lo harían más tarde los culturalistas freudianos. Es paralelo el análisis de Karen Horney cuando describe que la ansiedad es el tipo de trastorno característico que produce la sociedad industrial, y añade que solo es soportable apelando «al bien común», que proporciona un sentido del que carece la existencia personal (Horney, 1963). Recuérdese que Comte plantea que se construya ese sentido desde el punto de vista de «la humanidad», la escala de la especie en la que se unifican todas las divisiones y se explica el significado de todas las disociaciones.

En la sociología de Comte están los fundamentos para entender los supuestos de los que se derivan las sociologías comprometidas con la reproducción del capitalismo industrial. Comte, además de describir su funcionamiento, muestra sus fines y sus consecuencias sin escamotear ninguna de las relaciones que se establecen entre la teoría y su aplicación. Esta desnudez explica su destino de «padre» silenciado.

Hay todavía una observación de Comte sobre el papel de la ciencia en una sociedad del desarrollo, que vale la pena meditar. Dice que el científico no solo va a ser requerido para proporcionar conocimiento instrumental, sino además para que su saber y su autoridad destierren el asombro, es decir, la capacidad de interrogar sobre cuestiones de principio:

> Por grandes que sean los servicios prestados a la industria... las ciencias... tienen el destino... de satisfacer... a nuestra inteligencia... El *asombro* es la sensación más terrible que podemos experimentar... si no acertamos a satisfacerlo por concepciones positivas, regresaremos inevitablemente a las explicaciones teológicas y metafísicas (Comte 1972d [1830-1842], vol. IV: 147).

La resignación en la sociedad industrial estará por tanto fundada en la autoridad de los depositarios de las verdades fácticas que no podrán ser discutidas: los científicos. La nueva conformidad será una resignación «sabia». Un nuevo terrorismo –el terrorismo del saber instrumental– condenará sin apelación toda utopía, incluida la del humanismo. El científico ya no va a servir más en la sociedad burguesa como agente del cambio, sino como estabilizador del fatalismo:

> La verdadera resignación, es decir, la disposición a soportar resueltamente los males necesarios sin ninguna esperanza de compensación solo puede surgir de un profundo sentimiento de la invariabilidad de las leyes que rigen el conglomerado de los fenómenos naturales… La política positiva… tendría por naturaleza propia consolidar el orden público, aun en lo que se refiere a males positivos incurables, mediante el desarrollo de una sabia resignación (Comte en Marcuse 1970: 336).

La apología de la sumisión que realiza Comte degrada la ciencia y la moral social. Esta advertencia se encuentra en la mayor parte de los críticos de la obra comtiana; por ejemplo, en T. Raison quien se fija en las consecuencias de la programación deshumanizada:

> La fuerza de Comte residía en su creencia de que conocía lo que, en apariencia, eran las leyes del desarrollo social y cómo aplicarlas. Al igual que tantos entusiastas de la felicidad de la humanidad en general, se volvió indiferente para la libertad y la felicidad de los seres humanos concretos…; esto constituye algo más que un error intelectual: es una atrocidad moral (Raison 1970 [1822]: 39).

Error intelectual y atrocidad ética que sería ingenuo remitir a factores patológicos de la personalidad de Comte, cuando han tenido vigencia en el desarrollo histórico de la sociedad burguesa industrial. Para que el saber «positivo» genere un pensamiento negativo y la ética «positiva» una moral que es la negación práctica de toda ética, es necesario que existan causas objetivas más importantes que la obsesión del «padre» de la sociología por la planificación material y el control social. El mismo Raison se ha dado cuenta de que la sociología no puede liberarse de sus orígenes intelectuales y éticos por el simple recurso proyectivo de cargar los errores de su teoría, y los horrores de su paso a la práctica a la cuenta del «padre». Raison concluye su estudio de Comte con la siguiente frase:

> ¿Es ingenuo creer, después de más de un siglo de la muerte de Comte, que se encierra aquí una advertencia para todos nosotros? ¿No está lleno el vocabulario de la sociología moderna de temas extraídos de quien, en el siglo xix, fundó su objeto: el lenguaje de sistemas sociales orgánicos integrales? ¿Debemos detenernos a reflexionar sobre si este lenguaje tiene una importancia real para el estudio de lo que sucede en el seno de las sociedades actuales? (Raison 1970 [1822]: 42).

A mi juicio las preguntas de Raison tienen una respuesta afirmativa. La descarnada sinceridad de Comte embaraza a sus herederos que conocen y utilizan sus planteamientos, aunque tal vez desconozcan sus orígenes. El silencio impuesto al «padre» no puede ocultar que siguen vigentes móviles y fines que proceden de una ciencia hija de la razón instrumental. Las sociologías estructural-funcionalista, seguida de la posmoderna y actualmente de recientes desarrollos de la teoría de sistemas aplicados a la planificación social proponen, bajo apariencia de neutralidad política, el mismo sistema conceptual que Comte ofrecía como una toma de partido ahora al servicio del capitalismo monopólico globalizado; y diseñan, con apariencia de cientificidad, la misma ingeniería humana aplicada al control social que Comte describía como una terapia ideológica al servicio de la dominación de clase.

La sociología que se tiene a sí misma como representativa de las sociedades industriales rechaza los textos de la «religión positiva» y al tiempo reproduce con frecuencia esas mismas ideas. Esta negación edipiana del padre de la sociología es muy evidente en la obra de T. Parsons. Concretamente, en los escritos referidos a los mecanismos adaptativos en la sociedad regida por valores industriales que él llama «sociedad pragmática» o «de adquisición universalista» («la pauta adquisitiva» y «la parte universalista» se corresponden en su contenido con los tópicos comtianos de «orientación positiva» y «altruismo»). Parsons reproduce las observaciones de Comte en un lenguaje menos directo y claro:

> Está más de acuerdo con el complejo universalista-adquisitivo un *pluralismo* de metas con unidad de *dirección…;* el foco primario de este sistema social descansará… en roles ocupacionales…; es también muy dependiente de la institucionalización de los derechos de… propiedad…; el sistema de recompensas debe estar expresado en actitudes de aprobación y estima… Ello implica… un cierto mínimo de desigualdad…; las tensiones y problemas principales se centran en el rol de la esposa y la madre…; el segundo rasgo (adaptativo) importante consiste en subrayar la afectividad en el sistema familiar…; la estructura familiar… y… los roles sexuales… no se les puede dejar incontrolados… [«la sociedad de adquisición universalista»] tiende a desarrollar sistemas o aptitudes difusas afectivas de solida-

ridad con referencia a las unidades de comunidad más grande...; la estratificación parece ser inherente a este tipo de sociedad...; la familia tiene que estar integrada en el sistema de recompensas...; existe, por tanto, una limitación... a la igualdad de oportunidades absolutas (Parsons 1966: 294-302).

Los sociólogos tienen una deuda con su «padre»: superarle. En tanto, cada vez que proponen una refundación de la disciplina que Comte fundó sin tomar en cuenta las propuestas teóricas precedentes, se arriesgan a quedarse en una reproducción. No bastará con mostrar cuánto hay de indeseable en la sociedad que Comte propuso, mientras los mismos principios permanezcan arraigados en el pensamiento sociológico. Superar a Comte requiere que los conceptos con los que se construye la sociología no la arrastren hacia el destino deshumanizador para el que fueron inventados: racionalizar la sumisión y eliminar del cambio social cualquier opción que no sea previsible, controlable y funcional para una sociedad orientada a maximizar la productividad.

Bibliografía

ADORNO, T. W. y HORKHEIMER, M. (1966), «Sobre estática y dinámica como categorías sociológicas», *Sociológica,* Madrid, Taurus [otra ed.: *Escritos sociológicos I,* trad. de A. González Ruiz, Madrid, Akal, 2005].

ARBOUSSE BASTIDE, P. (1968), *Auguste Comte,* París, Presses Universitaires de France.

ARON, R. (1970), *Las etapas del pensamiento sociológico,* 2 vols., Buenos Aires, Siglo Veinte.

BALES, R. (1958), «Task roles and Social roles», en Maccoby *et al.* (ed.), *Social Psychology,* Nueva York, Holt.

BLANQUI, L. A. (1971), «Défense du citoyen L. A. Blanqui devant la cour d'assises», en *Textes choisis,* París, Éditions Sociales.

BOOLE, G. (1847), *The mathematical analysis of Logic,* Londres, MacMillan.

CAPONIGRI, A. R. (1953), *Time and idea: the Theory of History at G. Vico,* Londres, Routledge and Kegan.

COMTE, A. (1856), *Système de logique positive,* I, *Synthèse subjective ou système universel des conceptions propres à l'état normal de l'Humanité,* París, Victor Dalmont.

— (1883 [1819-1828], *Opusculus de Philosophie Sociale,* París, E. Leroux.

— (1891 [1852]), *Catéchisme positiviste, ou Sommaire exposition de la religion universelle,* París, Apostolat Positiviste.

— (1893 [1844]), *Discours sur l'esprit positif,* en *Traité d'astronomie populaire,* París, Apostolat Positiviste.

— (1907 [1848]), *Discours sur l'ensemble du positivisme,* París, Société Positiviste Internationale.

— (1912 [1851-1854]), *Système de politique positive ou Traité de sociologie, instituant la religion de l'humanité,* París, G. Grés, el Cnie.

— (1968 [1816-1828]), *Considérations sur le Pouvoir spirituel,* en P. Arbousse, *Auguste Comte, Écrits de jeunesse,* París, Presses Universitaires de France.

— (1970 [1822]), *Plan des travaux scientifiques nécessaires pour réorganiser la société,* París, Aubier.

— (1972a [1819]), *Séparation générale entre les opinions et les désirs,* en *Science Sociale,* París, Gallimard.

— (1972b [1822]), *Sommaire appréciation de l'ensemble du passé moderne,* en la *Science Sociale,* París, Gallimard.

— (1972c [1825]), *Considérations philosophiques sur les sciences et les savants,* en *Science Sociale,* París, Gallimard.

— (1972d [1830-1842]), *Cours de philosophie positive,* en *Science Sociale,* París, Gallimard.

COUFFIGAL, L. (1965), «La cybernétique comme méthodologie», en J. Guillaumand, *Cybernétique el matérialisme dialectique,* París, Éditions Sociales.

DURKHEIM, É (1968 [1816-1822]), *Les formes élémentaires de la vie religieuse,* París, Presses Universitaires de France.

ENCYCLOPEDIE (1962), *Textes choisis,* por A. Saboul, París, Éditions Sociales.

FOURIER, C. H. (1848), *Œuvres complètes,* París, Librairie Sociétaire.

GRENIEWSKI, H. (1965), *Cibernética sin matemáticas,* México, Fondo de Cultura Económica.

GUILLAUMAUD, J. (1965), *Cibernétique et matérialisme dialectique,* París, Éditions Sociales.

GURVITCH, G. (1959), *Tres capítulos de historia de la sociología: Comte, Marx, Spencer,* Buenos Aires, Galatea.

HART, H. y LAYOR, D. (1944), «Was there a Prehistoric Trend from smaller to larger political units?», *A. J. S.* LXXIX, pp. 289-301.

HORNEY, K. (1963), *Nuestros conflictos interiores,* Buenos Aires, Psique.

KREMER MARIETTI, A. (1972), «Le Cours de Philosophie positive», en *Science Sociale,* París, Gallimard.

LÉVI-STRAUSS, C. (1971), *L'homme nu (Mithologiques),* Dijon, Plon.

MARCUSE, H. (1970), *Razón y Revolución,* Madrid, Alianza.

MARTINDALE, D. (1968), *La Teoría Sociológica,* Madrid, Aguilar.

MARTÍN SERRANO, M. (2007), *Teoría de la Comunicación. La comunicación, la vida y la sociedad,* Madrid, McGraw-Hill.

MARX, K. (1964), *Misère de la Philosophie,* París, Union Générale d'Editions.

— (1965), *El capital,* Buenos Aires, Cartago [otra ed.: trad. de V. Romano, Madrid, Akal, 2022].

— (1968), *Manuscritos de economía y filosofía,* Madrid, Alianza.

— (1971), *El 18 Brumario de Luis Bonaparte,* Barcelona, Ariel [otra ed.: ed. de C. Ramas, Madrid, Akal, 2023].

MAUSS, M. (1968), «Essai sur le don», en *Sociologie et Anthropologie,* París, Presses Universitaires de France.

MERTON, R. K. (1964), *Teoría y estructuras sociales,* México, Fondo de Cultura Económica.

PARSONS, T. (1966), *El Sistema Social,* Madrid, Revista de Occidente.

Pierce, J. R. (1962), *Símbolos, señales y ruidos,* Madrid, Revista de Occidente.

Proudhon, P. J. (1840), *Qu'est ce que la Propriété?,* París, Marcel Rivière.

Raison, T. (1970 [1822]), *Los padres fundadores de la ciencia social,* Barcelona, Anagrama.

Rousseau, J. J. (1966), *Du contrat social,* París, Garnier-Flammarion [ed. cast.: *El contrato social,* trad. de M. J. Villaverde, Madrid, Akal, 2017].

Saint-Simon, H. (1814), *De la réorganisation de la société européenne,* parís, Adrien Égron.

— (1960), *Catecismo político de los industriales,* Buenos Aires, Aguilar.

— (1966), *Œuvres de Claude Henri de Saint-Simon,* París, Anthropos.

— (1969), *Saint-Simon,* intro. de Pierre Ansart, París, Presses Universitaires de France.

Shannon, C. y Weaver, W. (1949), *The Mathematical Theory of Communication,* Urbana y Chicago, University of Illinois Press.

Sorokin, P. A. (1969 [1958]), *Sociedad, cultura, personalidad,* Madrid, Aguilar.

— (1964), *Achaques y manías de la sociología moderna y ciencias afines,* Madrid, Aguilar.

Stuart Mill, J. (1970), *Sobre la libertad,* Madrid, Alianza [otra ed.: ed. de C. Ruiz Sanjuán, Madrid, Akal, 2014].

Timasheff, N. (1961), *La teoría sociológica. Su naturaleza y desarrollo,* México, Fondo de Cultura Económica.

Vico, J. B. (1956), *Principio de una ciencia nueva sobre la naturaleza común de las naciones,* 4.ª ed., Buenos Aires, Aguilar.

Weber, M. (1969), *La ética protestante y el espíritu del capitalismo,* Barcelona, Península [otra ed.: ed. de J. Navarro Pérez, Madrid, Akal, 2013].

— (1956), *Wirtschaft und Gesellschaft,* Tubinga, Mohr.

WIENER, N. (1948), *Cybernétique,* París, Hermann & Cia.

— (1950), *The human use of human beings, Cybernetics and Society,* Cambridge, Cambridge University Press.

WHITEHEAD, A. N. (1917), *The organisation of Thought,* Londres, Williams y Norgate.

WRIGHT MILLS, C. (1961), *La imaginación sociológica,* México, Fondo de Cultura Económica.

Índice

AKAL BÁSICA DE BOLSILLO
ÚLTIMOS TÍTULOS PUBLICADOS